改变，从阅读开始

漢唐陽光·HTYG

THE FIRST NAZI

第一个纳粹

Erich Ludendorff,

The Man Who Made Hitler Possible

埃里希·鲁登道夫：

让希特勒成为可能的人

威尔·布劳内尔（Will Brownell）
德尼斯·多雷斯－布劳内尔（Denise Drace-Brownell）
With 亚历山大·罗福特（Alex Rovt）

著

刘瑀瀚 译

江苏凤凰文艺出版社
JIANGSU PHOENIX LITERATURE AND
ART PUBLISHING, LTD

埃里希·鲁登道夫与阿道夫·希特勒

年轻的埃里希·鲁登道夫，约 1892 年

鲁登道夫的第一任妻子玛格丽特，
1915 年拍摄，那时她的两个儿子尚未战死

弗兰茨·佩尔内，鲁登道夫第一任妻子的儿子，
死于鲁登道夫发起的战争中

埃里希·佩尔内，玛格丽特的第二个儿子，

同样死于鲁登道夫发起的战争中

鲁登道夫的第一任妻子玛格丽特，
正在哀悼她的儿子们

鲁登道夫的第二任妻子玛蒂尔德·冯·开姆尼茨，
她的衣服上绣着纳粹的十字记号

“背后挨刀”漫画，1919 年。德国人指责犹太人，
认为其应对德国在第一次世界大战中的损失负责。

晚年的鲁登道夫

鲁登道夫在巴伐利亚的墓地。墓碑上并无关于他生平的介绍，只镶嵌着一把剑

目 录

导言

“大战中最伟大的将军”之死

1937 年 12 月，第二次世界大战开战在即，一场盛大的葬礼在德国举行。埃里希 · 鲁登道夫将军去世了。参加哀悼仪式的纳粹党徒对二战前景一片乐观。希特勒出席了葬礼。

褒评如潮。《生活》杂志撰文称，鲁登道夫是伟岸的。杂志的头版标题为：“德国（第一次世界）大战中最伟大的将军出殡。”这是一个令人大跌眼镜的宣告。它等于宣称，鲁登道夫比以下要员更为出色：美国陆军的潘兴将军、协约国西线最高统帅福煦将军、伦敦冉冉上升的青年领导人温斯顿 · 丘吉尔、莫斯科的阿列克谢 · 布鲁西洛夫将军，以及其他任何可与他们相提并论的人。杂志写道，鲁登道夫是“第一次世界大战锻造的最能干的将军”，是“可与罗伯特 · 爱德华 · 李匹敌的军事将领”。

文章解释说，鲁登道夫是德国军队的大脑、兴登堡元帅的右臂，是当时德国最出色的战略家。他将俄国、罗马尼亚、法国、英国和意大利的所有部队打得人仰马翻。鲁登道夫和朋友兴登堡的威望是如此显耀，文章称，以至于“连德国皇帝也听命于他们”。

杂志还提出了一些批评。它认为，1918 年，鲁登道夫的军队毁灭时，他在失败中崩溃。批评补充说，当德国输掉了世界大战，鲁登道夫如惊弓之鸟，戴上假发和蓝色的眼镜，伪装逃去了中立国瑞典。文章最后报道，鲁登道夫有点偏执狂。他认为阴谋无处不在，肇始者则是共济会、耶稣会、天主教和犹太人等团体。他指责这些人引起了德意志的灾殃。文章还提出，第一次世界大战以后，鲁登道夫“坚定地与希特勒同进退”。

但是，以上就是全部的负面批评。总体上，该文对鲁登道夫给予了积极评价，赞扬他是“大战中最伟大的将军”，他得到了一个“与其历史地位相衬”的葬礼。葬礼组织者展出了鲁登道夫生前荣获的 60 枚奖章，还安排了一支大型军乐队演奏德国军歌《好战友》。这着实给人留下了深刻的印象。

对于看过葬礼照片的《生活》杂志读者来说，也许唯一让人意外的是，鲁登道夫棺材上覆盖着德意志帝国的军旗，而非希特勒新德国的万字旗。一些人猜测，鲁登道夫或许已经和希特勒闹翻，然而没几个人注意到这一区别。的确，它看起来好像并不显著。

《生活》没有在赞美中提到，是鲁登道夫挑起了凶残的诽谤——他说犹太人使德国输掉了战争。作为报复，他希望犹太人跟战场上因毒气而死的德国士兵一样被毒气消灭。而且，无人指出鲁登道夫将德国在一战中的剧痛延长了两年。战争中途，他阻止了一项本可以拯救德国的和平协议。几乎没有人知道，是他将列宁送上了前往俄国的封闭列车，自此，列宁给俄国带去了激烈的社会主义革命。

文章没有提示，1918 年，鲁登道夫发动了针对协约国的“鲁登道夫攻势”。这一系列攻势使德国损失了九十万士兵，输掉了战争。文章也没有透露，战败后，鲁登道夫帮助成立了纳粹党，以解散新政府为目标，发起了猛烈的宣传运动。后来，他开始与新朋友希特勒一起筹谋复仇之路。文章非常明显地没有揭示，鲁登道夫在他去世前的二十年里一直敦促德国人发动新战争——一场足以让他实现疯狂杀戮未竟之梦的复仇之战。

为什么无人识别出鲁登道夫襄助了一个野蛮的新时代呢？为什么无人看出他正将德国推向浩大的新野蛮主义、推向第二次世界大战？为什么没有人指出，他在 1920 年代给希特勒提供的早期援助对这个狂人的上台至关重要？为什么没有人说出，他支持希特勒屠杀了数百万甚至更多的生命？

所有人都知道，鲁登道夫在兵法上才华横溢，但是很少有人提到，他也是一位善于让别人为自己的错误买单的天才。一个例证是，他输掉了第一次世界大战，然后却指责犹太人应对他造成的损失负责任。他如何能够毫无证据地中伤、诋毁犹太人呢？

埃里希 · 鲁登道夫将军或许是 20 世纪最具有破坏性的

二三人之一。他制造了灾难却没有被人们当成谋杀者，这是一个至关重要又令人震惊的故事。

这也是我们今天想要讲述的故事。

我们还希望本书能成为便于一般公众理解的历史，一种新形式的严肃历史传记。

第一章

没有影子的人与施里芬计划

第一次世界大战漫不经心地就爆发了。1914 年 6 月 28 日，奥匈帝国大公携夫人访问波斯尼亚首府萨拉热窝。一个希望祖国与俄国联合的塞尔维亚族爱国青年加福里洛·普林西普开枪击中了大公的胸部，同时，也意外地射中了他的妻子。大公被匆匆送进医院，但是医生却无法解开他的外衣。医生并不知道，为了显得苗条，这位优雅的公爵每天早上都是被缝进外套里的。当医生试图解开衣服止血时，珍贵的时间流逝了。衣着时尚的大公迅速地流血而亡。

愤怒至极的奥匈帝国向塞尔维亚提出了一系列要求，并下达了最后通牒。恼怒的德国皇帝威廉二世支持他的同盟奥匈帝国。壮了胆的奥国向有俄国支持的塞尔维亚宣战。俄国一怒之下对奥国宣战，盛怒之下的德国也迅速向俄国宣战。俄国的盟友法国随之向德国宣战。英国试图远离纷争，它的确有避开战争的理由。但是，一些关键因素迫使英国不得不参与其中。长久以来，英国政治家们总结，确保欧洲大陆无霸主对他们的国家利益至关重要。仅此一条似乎就足以迫使英国对抗德国。第二，英国人在 1839 年签订和约，许诺在战乱的情况下会援助比利时。第三，新德国海军虽然比英国海军弱，但它不管怎样都是英国海上力量的主要威胁。这些理由，每条单独看都不是最关键的，但综合起来起了决定作用。几天之后，强盛的大英帝国加入了战争，带来了惊人的后果。几周之内，欧洲陷入混战。

德国处于五对一的劣势一方。从一开始，它就陷入了两线作战的局面。在东线，它与俄国交战，在西线，法国与它对峙。一般来说，两线作战等于判了死刑。但是，德国的将军们并不十分担心。闪耀的陆军元帅阿尔弗雷德 · 冯 · 施里芬部署了一套战略，又称“施里芬计划”。很多德国人认为它是胜利的保证。

施里芬伯爵研究了古代名将汉尼拔的军事才略，然后认为小国可以通过两面袭击入侵的敌人来战胜大国，正如公元前 3 世纪汉尼拔在坎尼会战中所完成的那样。他决定把大军送到西线的法国和比利时，花四周的时间摧毁它们。然后，转身运送同样的德国部队前往俄国，四个月之内消灭俄军。

如果这个计划成功实施，德国人会用破纪录的时间掌控欧洲。如果人们接受该计划的前提假设，它看起来似乎是完美的。但是，它假设一个公元前 3 世纪给三万大军制定的作战计划对 20 世纪一支上百万人的现代军队也适用。更糟糕的是，它假设这只庞大部队可以在紧迫的时间里以最快的速度行军作战——西线打完胜仗后马上转移到东线继续打胜仗。它还假设，弱小的比利时军队没有捍卫自己领土的勇气。最后，这一计划预计，爱国的比利时人不会通过炸毁桥梁和道路这样简单的方式来阻断他们的进攻。

以上就是令德国人在战争初期感到骄傲的假设。现代历史学家们认为这些假设荒谬至极，因而施里芬计划从一开始就是错误的。该从谁开始列举反对者的意见呢？大卫·扎贝奇少将（四卷百科全书《战争中的德国》的美国主编）是其中之一。另外三人包括德国历史学家汉斯·伊拉特，迈克·伊普肯汉斯，以及波茨坦的德国联邦国防军（德国）军事历史研究中心的吉拉德·格罗斯。

也许对施里芬计划最公允的批评来自于格哈德·里特尔。一战中，里特尔是一名德国士兵。之后他成了弗莱堡大学一位优秀的军事史学家，在那里生活了 31 年。他不能容忍那些称赞施里芬才华非凡的人。他在讽刺性的《施里芬计划：对一个神话的批判》一书中提出了对该计划的最佳分析："各个步骤的线索很显然地表明，施里芬计划的秘密，以及施里芬闪电战模式的基础，仅仅是一种赌徒把无畏当成精湛技艺的信念。它的魔力是一个神话。作为一个战略上的概念，它对于计划实行者来说是陷阱和欺骗，它带来了致命的效果……可能从一开始就与生俱来……它假设了一种不能实现的完美主义。而对于意料之外的事情，它毫无应对措施。"

德国人想象地以为征服比利时人会很容易。然而，当国家被入侵时，比利时人勇敢地反击了。这样的事实并不会让击败过高卢和比利时部族的凯撒大帝感到吃惊。他曾说，“在所有的族群中，最高贵的是比利时人”。凯撒深知这一点。当德国人侵时，比利时人的抵抗爆发了。他们毁掉桥梁和铁路，严重减慢了德军的前进速度。比利时人利用没有被损毁的铁路从西部抵达前线。而德军只能徒步穿越战乱之地到达东部——那里的铁路早已被爱国者和游击队捣毁了。同时，狙击手从稻草堆、树丛、峡谷中伏击德军。男学生、牧师、尼姑、教师和警察各尽所能。人们找出干草叉、镰刀、手枪和斧头来阻止任何侵略者。恼火的德国人叫嚣这种自卫是非法的（就好像他们的入侵不非法？）。在开战的头两个月里，他们射杀了四千名比利时人质。他们四处抢掠，烧毁城镇，强制征用了数以万计的劳动力。

出生于德国的比利时伊丽莎白公主十分鄙夷德国人的行为，她道出了一句后来被丘吉尔及很多领导人都反复引用的名言：“在我和他们之间落下了一道铁幕，任凭什么也无法移走。”

一切动向似乎在合力促使德军减缓进攻，尤其在列日市。比利时人在那里修筑了墙壁厚达 13 英尺的堡垒，他们坚强地反击着。这一次，尚未成名的德国将军埃里希·鲁登道夫开始引进当时全球最先进的新式重型炮弹。一门重达 75 吨的大炮被命名为“大贝莎”。它像怪物一样由几百匹马拉着，一支由 280 名士兵组成的队伍专门为它服务。这个巨物前进时，大地都在震动。它的炮弹有 1 吨多重，可以射中 8 英里之外的目标。

鲁登道夫不断地开火，凶猛地轰击那并不是为对抗大炮而设计的堡垒。然而，比利时人依然抵抗着。整座堡垒都坍塌了，高温气体上升，通风系统崩溃了，但是这一切都没有使他们失去斗志。只有当一颗炮弹引爆了主堡垒的炸药房，炸死了参谋部里最好的军人时，比利时人的抵抗才暂停。

尽管延长的反击搅乱了德国人的侵略进程表，他们依然庆祝这迟来的胜利。一时间，先前默默无闻的鲁登道夫变成了炙手可热的英雄。他被授予德国军队里最高等级的蓝色荣誉勋章。看起来，德国好像战胜了全世界。

然而，它实际上正在失败。德军总参谋长赫尔穆特·冯·毛奇知道真相。他明白德国的伟大作战计划正在破产，战争就要在这些缓慢的胜利中走向溃败。不久，俄国人提前进攻的消息传来了。

俄国是法国的盟友。俄国为了开发西伯利亚、修建西伯利亚铁路向法国借了一笔巨款，结盟是这种借贷关系的代价。现在，俄国人为了彰显俄法之间的联盟，在东线远比计划提前地进入了普鲁士湿地，这严重威胁了德国在该区域的策略。1914年8月20日，德军试图在贡宾嫩小城击退俄军。但是这一次，俄国已经有了高端的重型大炮，它们完美地装备在战场。俄国人甚至储藏好了足够实施连续猛攻的弹药。

根据施里芬计划，这一切本不该发生。因为俄国人在1915年的日俄战争里表现得异常糟糕，德国人觉得俄国是没有战斗力的。俄国军人应该很拖沓才对。然而现在，他们能利用重型火炮准确地射击。他们消灭了一支德国军队，俘虏了六千多名士兵。德军在东普鲁士的司令官马西米里安·冯·普利特维茨（他的绰号叫“肥肥”）发电报给柏林，请求退守到维斯杜拉河西岸。这个怯懦的撤退将让东普鲁士的大部分地区落在俄国人手里。

关于俄军残暴行为（主要是强奸、抢夺）的谣言狂扫了德国。很多德国将军的祖屋都位于普鲁士地区。他们热切地希望保卫土地和家园。这些人叩问：“如果哥萨克人占领了柏林，我们就算占领了巴黎和布鲁塞尔又有什么用？”

接到普利特维茨的撤退建议后，总司令部极为恼怒，就地解除了他的职务。这是德国第一次在战斗时罢免一位将军。随后，最高司令部调令新晋英雄鲁登道夫前往东部，并请出已退休的保罗·兴登堡将军与他一起领导军队。这个调动史无前例。名字里连“冯”这一贵族姓氏都没有的鲁登道夫一夜之间成了这场可怕的大战里指导德国主力部队的两位将领之一。由此，第一次世界大战中最重要的军事合作开始了。二人的联手为德国赢得了一些较大的胜利，却也使它在之后的四年混战里输光了一切，走向毁灭。

鲁登道夫与兴登堡的合作始于德国东部一个荒凉的火车站台。根据报道，鲁登道夫从他的车厢走到站台时潇洒地挥手致礼。老将军兴登堡的回礼则略显呆板。他稀奇地穿上了已绝版的德军旧制服。青年军官鲁登道夫能量满满，言谈间动作丰富。他穿着一身灰色的新式作战服——灰色的灵感来自于古希腊雕塑。老将军将这一切看在眼里。

当时的军事情形很严峻。德军志在必得的作战计划正在东西两线同时遭遇溃败。更糟糕的是，德军没有备用方案。他们所作的计划仿佛在使用一支空降部队：它只能成功。

鲁登道夫的口袋里揣着总参谋长赫尔穆特·冯·毛奇给他的一封信："一项艰巨的新使命被赋予给你……我不知道还有谁能够获得这种绝对的信任。你现在或许没法拯救东线的局势……你当然无须对目前已经发生的事情负责任。但是，你的实力可以阻止更坏情形的出现。"另一个让人安心的消息来自于鲁登道夫的军需官："任务艰巨，但您完全能够胜任。"

两位将军迅速地判断清楚了对方的来路。兴登堡属于容易辨识的旧式容克将领，他贵气翩翩。衡量鲁登道夫则要更困难些。多年之后，历史学家经常说鲁登道夫是一个"没有影子的人"。这是古代神话里的一句谚语，指的是一个没有灵魂因而深不可测的人。

兴登堡的助理已经向他做了简要汇报。他们告诉他，鲁登道夫是一个没有宫廷背景的乡绅。他成长在一个低阶贵族的家庭庄园。他的父亲是骑兵军官，参加过 1866 年的德奥战争和 1870 年的德法战争。青年时代，鲁登道夫的家里展览着令他们感到骄傲的德军武器、英雄塑像，家人们也经常讨论伟大的色当战役——它因为德国对法国实行了"歼灭战"而著名。德国人非常喜欢"歼灭战"这个词，它指代最稀少的事件——通过一次战役即赢得全面战争甚至整个帝国。比如，汉尼拔试图在坎尼歼灭罗马大军。而罗马大军在扎马歼灭了汉尼拔。

当鲁登道夫还是个男孩的时候，他的姨母为他开蒙，然后家里将他送到了普隆城的一所军校。他的学习劲头很猛，即使跳了两级，还在班里排名第一。他没有朋友，没有业余爱好。但他慎重地选择自己要修习的科目。对于那些决定选修的少量科目，他简直就像发动机一样精力充沛。他成了一名炮兵专家，同时也非常熟悉德国“下一次战役”的取胜计划。这一计划由阿尔弗雷德·冯·施里芬制定。因为它不断地被修订，计划里充斥了数不胜数的细节。鲁登道夫比任何人都了解这些细节。

问题就出在这里——伟大的施里芬计划总是在改变。对于一个完美计划而言，它有一些奇特的弱点，设计者将大部分工作都用在了扭转这些弱点上。左路入侵法国的胜算有多大？右路入侵俄国的胜算有多大？如果计划失败，怎么办？究竟有没有应对失败的准备？

他为了研究这些问题，考察了无数的细节。每天，他都尝试让这个计划更完美。他每天按照日程表工作，准确度甚至精确到每一分钟。他不断地工作，遇到不满意的时候，就一拳捶在桌子上。他没有亲密的伙伴。正像一位作家评论的，“他的崇拜者比朋友多”。

到 1893 年，他已经在军事学院就职，并由此进入了总参谋部。身为一个工作狂，他翻阅了大量文件以了解敌军的作战计划。列强们筹备的作战风格变化多样。英国人倾向于建立小规模军队，战时再将它壮大，由此可以节约资金。俄国人喜欢组建一支令人难以置信的庞大军队，一支名副其实的“蒸汽压路机”部队，然后将它们及时地送上战场。法国人喜欢成立游击队。游击队不需要配备重型大炮，还能够迅速移动。德国人喜欢在战争初期就用上骇人的大炮。鲁登道夫完全不能想象，这些风格迥异的部队遇上之后，究竟会发生什么。可变因素太多了。

由于不受尊敬的缘故，他也很难表达自己的预测。德军里的精英们——那些血统纯正的贵族——仍然把他看成一个麻烦。先是因为他的平民背景——尽管他家族里其实还有几位贵族，再是因为他娶了一个平民。他的岳父可是一位工厂主！

相应的，鲁登道夫并不喜欢这些精英。他甚至不喜欢德国皇帝，因为他觉得皇帝是个外行，更糟糕的是他还很脆弱。威廉皇帝的身体有些畸形：他的一只手出生时就残疾了。像鲁登道夫一样的大多数军官都认为德皇是一个跛子。

值得一提的是，鲁登道夫在研究中做了大量的工作来解说“战争迷雾”，他因此受到了广泛的称赞。他非常勤奋地工作，迅猛而且笃定。因为他在比利时总领全局并取得佳绩，有人称他为拿破仑。而且，他非常清楚地知道如何利用自己的炮兵部队去摧毁防御堡垒。虽然胜利来得有些迟，但他攻克比利时堡垒一事激发了德国上下对鲁登道夫的兴趣。在一种即将演变成世界大战的局势中，他逐渐成为了一位广受欢迎的军事领袖。

这个在火车站台上进行的悄然会面具有深远的历史影响。保守的兴登堡和富有激情的年轻发迹者鲁登道夫之间有一种微妙的平衡。正如美国陆军战争学院陆军上校威廉·琼斯在1992年写道：“从第一次见面开始，他们各自的角色就明确了。兴登堡会成为普鲁士总司令部的傀儡，他提供成功所必需的稳定……两人个性的结合将会在整场战争中持续。”有关兴登堡与鲁登道夫的协同增效作用，最好的表述来自鲁登道夫多年以后的自述：“四年里，我与陆军元帅完美之配合就像一个人在工作。”带着同样的青睐，兴登堡也称赞他的新参谋长“具有非凡的工作能力和不知疲倦的决心”。

然而，面对俄国随时可能击败德军的形势，德国人对兴登堡和鲁登道夫是否能够战胜俄国仍然保留疑虑。

第二章

对俄作战

从俄国传来消息，德国著名的入侵计划遇到难题了。法军在西线惨败，感受到法国人恐慌的俄军决定放弃谨慎的策略提前进攻。虽然很多俄国士兵缺乏步枪，多数大炮也没有足够的炮弹，俄国政府依然运送了六十万士兵前往德俄边境接受亚历山大·萨姆索诺夫将军和保罗·冯·连内肯普将军的指挥。这些部队装备不全，很多士兵都未受训，非常没有组织纪律性。但是，他们让俄德士兵比提升到了10∶1。顶着“俄国蒸汽压路机”的名号，萨姆索诺夫和连内肯普的军队以排山倒海的士气横扫了东普鲁士。

东普鲁士是很多德国总参谋部军官家庭的故乡，也是德国皇帝的祖先发源地。因此，皇家开始面临保护这片地产的严峻压力。另外，关于俄国士兵强奸、抢掠的故事传遍了柏林。这些流言几乎都是杜撰的——实际上，基本上没有德国女人在侵略中被强奸——但是，它们给德军最高司令部狠狠地敲了一记警钟。多年以后，历史学家从德国军事档案中找到证据，证明了德军承认“关于俄军残暴和摧毁国家的报道是不真实的。俄国部队在所到之处都对当地居民保持了端正的行为。如果有某些乡村被烧毁，这基本上总是战争中的炮击所致”。

俄军有些轻微的不端行为。他们每发现一个酒窖就破门而入，然后在市政广场大肆地庆祝胜利。最让德国人恼怒的是，他们偷走了大量食物和牛群。而最让德国妇女困扰的是，他们经常随地小便。

所以，就西线来说，比利时人的反抗从第一个月起就比德国人预想的要猛烈许多。东线方面，俄国人在德国人预测不可能的时间里提前开战。很明显，德国人大大低估了敌军，或者说，他们高估了自己部队的能力。但是在这个关键点，幸运降临在了德国人头上。仅仅在鲁登道夫取得“列日之战”胜利的一个星期后，他被德国皇帝任命为东部前线德国第八集团军的总参谋长。

对于传记作者来说，鲁登道夫令人退缩。著名历史学家芭芭拉·塔奇曼——她于1962年出版的关于一战起源的作品《八月炮火》被肯尼迪总统赠送给了每位国会议员——研究了鲁登道夫，然后发现他让人失望。她希望了解他的大脑如何运转、他的人格元素是什么等等，但却一无所获——甚至连奇闻轶事都没有。这个人仿佛一张白纸。

但是自塔奇曼的著作之后，历史学家对于鲁登道夫的了解大大增多了。现在人们知道他有洁癖。儿童时期的鲁登道夫如果在玩耍时弄脏了衣服，他就不玩了。一直必须如此。他很喜欢自己的选修科目，但并不喜欢授课老师。有些人说他做数学题时最开心，数学是多么不受人牵制的科学啊。

他有时也会感情用事。一次，年轻的他在柏林的暴雨中邂逅了一位可爱的女子玛格丽特·佩尔内特，他们同撑一把伞。当他得知玛格丽特生育了三个男孩，婚姻却并不如意时，鲁登道夫开始对她产生了感情。她喜欢他的热情，让他陪自己走回家。最终，鲁登道夫连哄带骗地让她离了婚，与他结婚。他们共享着一个与子偕老的梦——等自己耄耋之年，儿子们成为了军官，一家人围坐在餐桌旁享受宁静。

自此之后，鲁登道夫开始一心扑在事业上。他没时间锻炼，渐渐变得肥胖，很快就长了双下巴。他的后脑勺有一个凸出部分，这一坨肥肉被美国作家拉尔夫·沃尔多·爱默生称之为“野兽之痕”。他戴一只单片眼镜，盯人的时候，犀利的目光透过镜片让人发冷。他的随从发誓称，他洗澡的时候都戴着眼镜。

他从不长时间地休息。即便是熬夜了，第二天仍然早起。不管天晴还是下雨，早上 7 点，他都会穿戴整齐去骑马。“每件事都是以分钟来安排的，”人们说，“不是按小时哦。”

当需要等待的时候，他会变得非常没有耐心。他一般回家吃午饭。这时，如果冒着热气的汤还没有端上桌，他就会呵斥：“没食物吃真是太糟糕了。”他对每个人都很粗鲁，甚至对皇帝也如此。

他只有寥寥数友。像他未来的朋友希特勒一样，鲁登道夫将失败怪罪于其他人。别人不仅仅是做错了，而且是犯了罪。

别人不仅仅是愚蠢，而且是又蠢又背信弃义。事情都是非黑即白。他说：“我要么爱，要么恨。”有人觉得他更擅长恨。

他非常专注。他讨厌犹太人，然后是天主教徒，最后是广义范围的基督徒。他鄙夷基督教，因为他认为这一宗教使人变得善良。他更喜欢德国旧时代的战神，像沃登、托尔、弗丽嘉——星期三、星期四、星期五就是以他们的名字命名的。他也鄙视犹太教，因为他感觉犹太人太独立了，以至于不爱国。

鲁登道夫将军的确有一些优势。他的韧性非凡。他非常热爱德国。他希望德国富强。为了达到这一目标，他竭力主张人口富余的德国对竞争者发起战争。不同的时期，他希望德国与英国、法国、意大利、波兰、俄罗斯、土耳其甚至它的同盟奥匈帝国开战。他甚至还希望和梵蒂冈打仗。他从未将美国放在竞争者名单上，因为美国在他眼里就是杂种。他觉得美国人缺乏经验，他们永远都不会成为威胁。这是他一生的错误。

他从未试图减少他在德国内部的敌人。他从不觉得敌人能够被劝服成为朋友。历史学家们勉为其难也找不到任何可以和他称为朋友的人。

他讨厌权威。或许有人会以为他尊重作为大元帅的皇帝，但是他并不。他模糊地尊敬祖国，仅此而已。一段时期内，他可能是德国唯一敢威吓皇帝的人。归根到底，他与宣称“朕即国家”的那位法国皇帝非常相似。

他的工作方式起了一段时间的作用。在新的世界大战里，鲁登道夫从一个微不足道的小人物成长为了一多半德军部队的将领。他迅速成了炙手可热的英雄。当鲁登道夫被派往俄国时，他知道，如果再夺胜利的话，连那些轻蔑他出身平民的精英们也会对他刮目相看。

火车带着鲁登道夫向东行驶。他口袋里揣着总司令让他领导第八集团军的任命书，司令敦促他尽力扭转德国在俄国的危机。所有人都认为当前局势是相当严重的，俄国很可能会赢。鲁登道夫仔细搜寻了相关战争报告，却并没有弄明白究竟发生了什么，他面临的又是一支怎样的部队。即便缺乏信息，鲁登道夫也许能认同美国新星上校道格拉斯·麦克阿瑟的主张："你手里拿什么牌不是重点，重点是你怎样打出它们。"

最终，鲁登道夫得知第八集团军在人数上远低于敌军。在德国撤军的同时，60 万俄军正踏上了德国的土地，离他们越来越近。敌军的规模之大令人恐惧。但是鲁登道夫疑惑：这 60 万人是王牌军还是民兵？老兵还是新兵？是一支正规军还是一伙乌合之众？

考虑到俄国军队的近代史，这些问题是很严肃的。1905 年，规模庞大的俄军即兴应战，败给了日本。在充满迷云的满洲奉天之战中，俄军部队内部互相使绊子，不仅走错了地方，还朝自己人开枪。他们的将领下达了相互矛盾的命令，所有人都在烟雾中晕头转向，所获甚少。一些将军责怪部下在日俄战争这场最重要的陆地战役中没有好好地相互援助。与此同时，俄国一万名水手在对马海峡附近的公海里伤亡。显然，1905 年的俄军主力表现得太糟糕了。更可怕的是，这场战争差点让俄国陷入革命。在后方，敖德萨这一整座城市宣布起义。

而今在 1914 年，德国人对这 60 万俄军的战斗力实在表示怀疑。如果俄国部队只是移动迅速却毫无准备，那么德军倒是得到了一个机会。一个冷静从容的德国师也许就能创造奇迹。

鲁登道夫和兴登堡找士兵一一谈话，他们一定被自己与对方的相似之处震惊了。他们都是伟大的施里芬的门徒，施里芬的战略思想统治了那个时代。他们都梦想用一场歼灭战在短时间内赢得胜利。他们都是传统的德国军人，充分相信德意志种族的神秘能力。

信奉自我中心主义的德皇不喜欢兴登堡。在 1908 年的年度演习中，德国人依然希望完善有问题的施里芬计划，兴登堡却没有让德皇在任何一场交锋中占上风。异常耿直的兴登堡打趣道："如果这是战争的话，你将会成为我的囚徒。"德皇威廉二世被羞辱了。他开始在朝堂上对兴登堡视而不见。

因此，两位将军都是热衷于寻找机会的局外人。两人的相似之处开了一个好头，他们的性格也互补。兴登堡是冷静、善于谋划的人，鲁登道夫则冲动、执行力强。兴登堡坚定、安静、城府深，鲁登道夫则激情充沛、有攻击性、专注。人们很快将他们的关系形容为一场"联盟"，甚至是一场"婚姻"。新闻界很快称他们为"二人组"。他们的婚姻是否持久是一个属于未来的问题。当下的问题是，他们二人能否拯救德国于水火。

行驶的列车上，他们被部队高昂的士气震惊了。所有的来复枪上都装点了鲜花，军士们唱着德国的古老歌谣《守卫莱茵河》，这首歌取材于1840年的一首诗歌：

哦 祖国，你无所畏惧，

莱茵河畔 卫兵严阵以待。

然后是歌曲《德意志高于一切》，它的歌词里有一丝威胁的意味：

德意志，德意志至高无上

高于世间万物……

当火车把将军们送到普鲁士，新工作人员接待了他们。那里，他们得到了好运。在这些军官中，一位叫马克斯·霍夫曼的上校似乎熟知俄军的一切。霍夫曼是一个有经验的军官，他在1905年的日俄战争中，曾作为德军观察员被派往日军部队中。他在日俄战争里的经验对理解俄军在普鲁士的行动是非常宝贵的。

霍夫曼汇报了关于敌军的新信息。首先，并不存在一支60万人的俄军队伍。相反，他们分别有两支30万人的军队。这两支部队不在一起，互相之间并没有很紧密的联系。对坚信圣人冯·施里芬的两位德国将军来说，这个消息是一个礼物。他们正与一支分化的指挥部作战，正如大捷前夕的古代名将汉尼拔。

俄国的战争动员非常草率。他们准备不周、组织混乱，而且也没有装备足够多的步枪、弹药、马匹和食物。俄国沙皇决定不惜一切代价救援法国盟友，他安排了一项自杀式的任务，让部队深入德国以威吓普鲁士人，打乱他们的作战计划。

其中的一支俄国部队由亚历山大·萨姆索诺夫领导。作为一个勤勉的公务员，他为沙皇效力30多年了。他原是一个彪悍的骑兵军官，参与过对土耳其、中国、日本，以及现在与德国的战斗。人们听他吹嘘说，他已经多年没有读过一本战争指导手册了。一些人声称，他根本没有一点分析头脑。但是所有人都认同，他很勇敢。他通过1905年的奉天之战积累了作战经验，这对他后来的发展至关重要。

另一支俄军由更喜欢思考的保罗·冯·连内肯普指挥，他在军队工作了40多年，才智过人。多年之前，他就以第一名的身份从军事学院毕业。十几年前，他也是满洲战役的老兵。吸引霍夫曼的一点是，这两位俄军将领仇视彼此。萨姆索诺夫觉得，连内肯普在1905年的关键时刻抛弃了他。因为他故意不调兵，萨姆索诺夫的部队惨遭绞杀。

两人之后在满洲一个泥泞的火车站见面了，他们像男学生一样打了起来。重捶、诅咒、尖叫、吐口水、撕咬，他们扯掉了对方的头发、勋章、眼镜和纽扣，相继掉进了泥团里。

一些观察员将这场争斗的消息传播了出去，包括马克斯·霍夫曼在内的很多人听过这个故事。霍夫曼怀疑两位将军一有机会就会相互捣乱。他认为，两人之间的敌对情绪让德国军队有机可乘。十之八九，两位将军中的一位不会援救另外一位，所以德军可以一次性攻击一支部队，将他们逐一粉碎。

俄国的动员极不成熟。大量没有经验的农民被征召，然后被派往前线。很多人没有武器，因为10万多支步枪被匆忙地送去了塞尔维亚——战争在那个国家早早地爆发了。当时，一位战争经验丰富的俄国军官无法隐藏他的嫌恶。

“多么糟糕的战争筹备啊！”他悲叹，“去看看那些半饱的农民就知道了。他们大多数人从没使过枪。我们赤脚前进。在战争开始之前，我们的部队就累瘫了。沼泽遍地，除了水和残破的林木，这土地上一无所有。我们比敌人多四倍士兵又有什么用呢？我们不能有效地调配他们。只要你在这小路上走偏了一点，身体就沉陷下去。我们的军队将在一条狭窄的战线上拥挤在一起发起攻击。德国人知道这一点，而且装备了重型大炮等待我们的进攻。他们已经探知了现代战争的秘密。我害怕我们不得不为此付出惨重的代价。”

俄军士兵是优秀的年轻人，但是他们得到的指令太矛盾。这支部队在编译密码的过程中遇到了困难。他们的解决办法令人惋惜，他们开始不加密地发出指令。这意味着德军能够偷听到俄国人所说的一切。之后，霍夫曼说得很直白：“我们有一个盟友，它就是我们的敌人。我们知道敌军所有的计划。”

由于霍夫曼对俄军及其情报系统的熟悉，兴登堡和鲁登道夫现在可以对敌军实施各个击破。德军虽然人数不足，却有一个优势。每一场战斗当两军相接时，能力强大的德军可以比俄军更能快速移动。从这点来说，他们能够在人数上超越俄军，可以率先消灭敌人的前半支部队，再对付后半支部队。

但是，当鲁登道夫和兴登堡打算将这个计划付诸行动时，法国发生的事件搅乱了计划。德军部队在法国行进得很顺畅，他们迅速地歼灭了法军。在最初所谓的“边境战役”中，德军第一个月里就让敌军的伤亡人数达到 26 万人。

对法国的胜利令人惊叹，很多德国军官都认为法国人要完蛋了。而现在，由于柏林担心俄国对东普鲁士的进攻，德军总参谋长小毛奇做出了一个重大决定。小毛奇将三个步兵团和一个骑兵师从与法国交战的西线调派到与俄国交战的东线，一些人认为，这个决定是第一次世界大战中德国的大失误。

当毛奇的下属将这一消息告诉给鲁登道夫时，他吃了一惊。鲁登道夫并没有感到他需要这些部队。更重要的是，他几乎可以肯定这些部队赶不及参加战斗。当然，他会接受这些部队——将军们不会拒绝任何增援。最高司令部按比例缩减了援军，一个步兵团被留了下来，剩下的人被送往东线战场。

随着鲁登道夫接受这些精英部队，施里芬计划在法国的有效程度被削弱了。他同意这些部队接受派遣，也意味着他知道这些部队铁定赶不上战斗。也许鲁登道夫没有觉得接受这些部队有什么错。然而，这些作用被浪费的士兵本可以继续参与不久之后在法国的战斗，那里真的非常需要他们。

1914 年 8 月 28 日，鲁登道夫和兴登堡发动了他们最著名的战役。霍夫曼制定了一个完美的作战计划，兴登堡和鲁登道夫需要做的就是将它执行。但是鲁登道夫命令霍夫曼要在人员和炮弹装备充分之前发起攻击。霍夫曼泰然自若地忽略了鲁登道夫的命令，他小心翼翼地将萨姆索诺夫领导的俄军引诱进了包围圈，然后才开始让重型机械化的德军发起猛攻。

饥寒交迫、赤脚行军的俄国士兵试着拿出勇气参与战斗。没有步枪的士兵匆匆跑向战地，搜寻那些已经死掉的士兵身旁是否还有枪可用。另一些弹药不足的士兵，掏开阵亡人员的弹药袋寻找子弹。

俄国的炮兵部队首先用光了弹药，然后是哥萨克骑兵，最后是普通的士兵们。到了傍晚，萨姆索诺夫的部队被歼灭了。可怜的俄国人不知道他们在哪儿，也不知道要去哪里。大多数人要么死了，要么被俘虏，只有八千人从这巨蟒般的包围中突围。一旦逃离险境，他们就在丛林里游荡，观察星空，试图猜测该往哪个方向走。

这看起来像一次极其惨烈的失败。但事实上，萨姆索诺夫只是看上去被击败了。他完成了国家对他的要求：这项自杀性任务的目的就是为了威慑东线的普鲁士人，破坏施里芬计划，他做到了。萨姆索诺夫和他缺乏准备的部队完成了比利时人一开始就采取的策略——打乱施里芬计划的时间表。通过入侵普鲁士，俄军成功地让德国最高司令部从法国前线的先锋部队里抽调了八万人。现在，施里芬计划的时间表很快就要瓦解了，德军要在四周内打败法军，四个月内摧毁俄军。这意味着德军将面临两线作战，而这是一种他们无法赢得胜利的战争。

德国人丝毫不理解这一点。他们被东线重大战役里传来的胜利消息弄得群情激动——敌军数以万计的伤亡士兵、被摧毁的战车、被缴获的大炮、倒下的战旗、充满血腥的荣光，一切的一切。德国人将此次战役称为“坦能堡之战”，以纪念 1410 年在这里败给波兰和立陶宛的德国骑士们。他们将 1914 年的胜利视作复仇。

怪诞的传说开始流传，军队里的笑话也四处传播。谈及两位将军如何因为火车站打架引起的嫌隙导致了战争失利，霍夫曼这样说：“如果滑铁卢之战真是在伊顿公学的操场上打赢的，那么，俄国人在那个破败的满洲火车站台上就输掉了坦能堡之战。”

虽然萨姆索诺夫为法国和俄国争取了时间因而扰乱了施里芬计划，但是他自己没有意识到这一点。他的命运也很悲惨。他损失了上万士兵，更多的战士投降了。经历这场溃败后，这位为旧俄国服役多年的优秀将军不知道如何面对沙皇。他沉默地走开了，部下稍后听到了远处的一声枪响。

黑暗中，他们没办法找到他的尸体。

很快，德国司令部开始编造有关坦能堡大捷的闪光的神话。虚构的事物开始兴起。故事里说，成千上万的俄军士兵被驱赶到了一片沼泽地里，污泥漫上了他们的脖子。他们在污秽中陷落，开始求饶。有人称，他们沉下去的时候大喊：“同志！同志！”这些故事子虚乌有——没有俄国军队在沼泽里淹死——但是这个故事发酵了，最终，从战场上回来的士兵假称，他们每天都可以听见俄军的尖叫，以后也会永远听见他们的求饶。

德国最高司令部开始夸大坦能堡俄军的死亡人数，同时缩小德军的死亡人数，他们希望用这种数据来说服普通老百姓德国的胜利更光荣伟大。最后，人们募捐了一大笔钱，请柏林建筑师约翰和沃特 · 克鲁格在战场附近设计修建了一座纪念碑。那是一座灵感来源于英格兰史前巨石的阴沉雕塑，它由高达 75 英尺的史前巨塔和一个圆形墙体组成，它们围出了一片可以容纳数千人开展宗教活动的空地。

坦能堡纪念碑于 1924 年开工，1927 年完成。修建它的本意是千秋万代地显耀德军的伟大。但是，呜呼，它在第二次世界大战中被摧毁了。1945 年，希特勒的军队看到俄罗斯军队不断挺进，便将它爆破了。随后，农民们抢劫了碎石，搜走了可以用来建房的青铜和花岗岩。之后，波兰政府把最后一部分石料运走，用于修建华沙文化科技宫。如今，除了长草的小圆丘之外，那里什么都没有了。没有来访者会猜想，那里曾存在过一些被当成无比神圣的东西。

最后，学者们按照德国最高司令部的判断，认定这场战斗对德国来说是一个巨大的胜利。一本由著名学者斯宾塞 · 塔克和普利西里 · 玛丽 · 罗伯茨撰写的参考书流畅地写道：“坦能堡会战可能是德军在第一次世界大战里取得的最大军事成功，相反，也是俄军最惨痛的军事失利之一。”每一个德国人都从胜利中感到了骄傲，并且从中想象，既然我们能这样打败俄军，那么我们一定能赢得大战。

他们信心十足，但太过自信以至于忽略了三个最关键的地方：第一，施里芬计划失败了。该计划最基本的要素是由一支德军快速地横扫巴黎，一次性占领这座城市，俘虏法军大部队。这是当时的德国部队——尤其在八万人被调离的情形下——几乎不能完成的行动。第二，紧张的时间表也让施里芬计划不可能完成。它在时间上要求非人的精准，这一要求成了战争开始德军就在两线溃败的重要原因。第三，协约国的惨败让德军停止了战争行动，行动在当时是他们唯一的希望。战斗很快变成堑壕战——这明显有利于防守一方，进攻方则无法取得突破。可能突破僵持的坦克，当时还没有被发明。因此，结果就出现了一个伤亡惨重、折磨人心的僵局。

很少有德国人明白这一点。一个例外是绝顶聪明的德国工业家瓦尔特·拉特瑙，他认为所谓的坦能堡大捷是建立在错误的假设和解读之上的。他还感到，德国快完了。拉特瑙接受过物理、化学和哲学的高等教育。之后，聪明的他开始为德国战争部原材料处工作。为了给德国经济打下坚实的基础，他竭尽所能。但是，他担心像德国这样的单一国家，在一场持久战中，可能永远都不可能打败英国、俄国和法国。

多年之后，乔治城大学德国历史领域的王牌教授罗杰·齐克林博士也得出了相同的结论。齐克林在与本书作者的一次访谈中提到："1914 年德军的军事成功是一个失败。他们并没有在四周内将法国打垮，也没有在四个月内让俄国人出局。因此，他们陷入了两线作战的泥潭，——一场消耗战——那是德国人绝对会输掉的战争类型。”

对鲁登道夫来说，幸运的是大多数德国人并不能看到情势有多么糟糕。所以，在战争第一阶段结束的时候，鲁登道夫和兴登堡作为民族英雄被捧上了神坛。德国人相信未来是属于他们的，战争很快就会结束。而实际上，这场战争持续了若干年，逐渐变成了世人前所未闻的最残忍的战争。

第三章

掌权之路与毁灭之路

德国陷入了混乱。战壕里屠杀无处不在，鲁登道夫到处宣布胜利，全国都感谢他。他熟练地操纵数字，不仅夸大敌军的死亡人数，还从不发布德军的死亡总人数。他让大家知道当地德军的死亡人数——这座城或那座城里的谁牺牲了；但他隐瞒了全国性的伤亡总人数。他不允许任何人察觉，德国已注定在这场强敌如云的战争中失败。

鲁登道夫和兴登堡在炮制数字方面极为出色。例如，1914 年 9 月 20 日，这个二人组合在马祖里湖对俄战役里消灭了五万六千人敌军，他们声称消灭了十一万人。我们尚不确定这种伪造是他们授意，还是下属隐瞒真相，向他们汇报了这些虚假数字。德国皇帝和鲁登道夫都被隔绝了真相。相应地，鲁登道夫加倍孤立了德皇。奇怪的是，无论这些强人怎样聪明，没有一人注意到德国其实已经在头四个月里输掉了这场世界大战。直到四年之后，他们才意识到这一点。

另一个问题是鲁登道夫和他的圈子过于自信。这些德国人相信他们在种族上优越于敌军——他们觉得自己是一个卓越的种族。“优等种族”这一饱含了种族优越感的骇人概念发明于1836年的弗吉尼亚，当地白人将自己视为自然的主人，而将黑人视为神定的奴隶。德国人承袭了这一种族优越论，让它主导了他们的军事思想。德国人认为俄国人是劣等品，法国人文艺颓废，英国人的确令人印象深刻，但是和文明的德国人比起来，他们很愚蠢，美国人是一群杂种，不值一提。在以上所有的假象中，德国人认为他们是地球上唯一成功的种族。事实证明也是经历了两场世界大战和数千万人的死亡之后，他们才纠正了这一错误观点。

可是在第一次世界大战中，每当德国人取得一次小胜，更辉煌的胜利就远离了他们。与此同时，德国有教养的年轻人（其中有些是欧洲最出色的青年）相继被征入部队，他们很快陷入绝望。一位年轻的小提琴家弗里茨·克莱斯勒描述了他怎样在鲁登道夫发起的勇敢的新战争中变成了一台杀人机器。

“时光倒回了几百年。你成为了某种意义上的原始人。二十一天里，我没有脱过衣服，睡在泥地或者湿地里。很多你认为是文明必需品的东西在这里根本不存在。能用上一支牙刷是不可想象的。我们学会了用本能——用手吃饭。很快，我们都看起来像毛发蓬松的瘦狼，从拥有生存必需品到一无所有。我记得有一次超过三天都没饭吃，很多时候，我们因为没有饮用水，所以必须舔食野草上的露水。你感觉到一种凶猛从内心升起，除了战斗的责任外，你对世界万物都很漠然……为什么我要在这里企图杀掉一些此生从未见过的人呢？”

克莱斯勒对鲁登道夫的战争是如此厌恶，他逃亡去了纽约，在那里一直居住到 1962 年去世。他忘记了自己作为狼的生活，成了一位受人爱戴的艺术家。他是幸运的。

在战壕里，尤其是第一年，军人们努力维持着人性。1914 年，大战的第一个圣诞节，西线的士兵完成了一件非同寻常的事。他们违反规定开始自行实施短暂的休战，这并没有得到上级批准。一开始，英国哨兵注意到德国兵沿着战壕摆了一些圣诞树。效命于第三步枪旅的英国军人厄·洛弗尔说道：“他们在所有的战壕顶上安放了圣诞树！以前从来没见过这个景象！”

一位德国军人拉出了一条横幅，上面写着：“圣诞快乐！”

然后，一个英国人喊道：“你好，弗里茨！过来！”

这些部队打着白旗自发地凑在了一起，军人们交换着香烟、咖啡，他们互相传递着啤酒、威士忌，还有巧克力、糖果。在荒丛和泥潭之间，他们唱起了“平安夜”歌曲的不同版本。这首歌是双方都熟悉的，它将他们联系在了一起。然后，他们给对方看自己爱人的照片。有几次，比利时士兵拿着写给身处德占区爱人的信，问敌军士兵是否能将它带过去。德国人也几乎做了同样的事。两支队伍尽了百般努力在一起踢足球——虽然这地形被炮火摧毁得要找到一块平地都是难事。

这一次圣诞节休战中，很多英国军人希望被允许到敌方战场上搜寻朋友的尸体。他们没来得及为最近战亡的士兵收尸。

德国人表现出不可思议的友善，不仅给他们许可，还帮忙在泥地里挖了无数个坟墓，把正在腐烂的尸体放进墓坑里。虽然这一切只发生在这一个圣诞节里，但他们体现的仁慈非常了不起。

很多战士为敌人的正直而心醉。一个例外是来自奥地利的一等兵阿道夫·希特勒，他说："一个军人不应该在任何一场战争中和敌军成为朋友。"正如英国伊恩·克肖爵士在他904页的《希特勒传记》中写道的那样，希特勒极度仇视德国的敌人，他被两军的友善吓坏了。另外一个不合群的法国青年军官戴高乐也觉得这仁爱的景象是"令人遗憾的"。但是，这两位狂热爱国的战士是例外。

鲁登道夫对这场休战、这不守纪律的行动感到极其愤怒，他做出了一些计划，确保这样的事情不会重演。但是无论他怎么想，士兵相互之间总会疑问："为什么我们要对彼此做这样的事情呢？"

没人知道该怎样结束这场战争。僵局持续着，因为没人能阻止它。一些英国将军谈论着将地雷装在敌军的战壕里，把敌人炸上天。在比利时西弗兰德省的一个村庄梅西讷，协约国点燃了位于地下75英尺的455吨炸药，轰隆的爆炸声传到了英吉利海峡对岸。

但是战争并没有停下来。它蔓延了。对任何一国来说，想要保持中立变得越来越困难。而罗马尼亚、葡萄牙、奥斯曼帝国这些与协约国、同盟国均没有利益关系的国家，也被迫加入了相互厮杀的队伍。

战争的势头丝毫没有减弱，压力更加沉重。英国海军覆盖了德国海岸线，封锁了所有食物和其他物资的运输，这成为历史上最大规模的一次封锁。巨大的问题由此而生。德国政府一度按照最严格的配给制向全民定量提供粮食。可聪明人依然警告鲁登道夫，英国的封锁力度与日俱增。随着政府征用大量的农民参与战争，德国国内的粮食生产慢慢萧条起来，人民随时可能挨饿。

但是，志得意满的鲁登道夫没有留意到这些。他像一个上瘾的赌徒，不论输了多少，都觉得自己下一把一定会赢。所以，堑壕战不可阻挡地持续，像火神驾到一样，死亡人数逐日递增。越来越多的平民丢掉性命，年轻人和老年人尤甚。人们饱受饥荒。卡耐基国际和平基金会最终估计，一战中，大约 60 万德国人死于营养不良，但是这仅仅是一个猜测。唯一确定的是德国闹过饥荒。平民很难寻找到食物，黑市开始繁荣。

然而，因为无人区总躺着尸体，老鼠倒是能容易地觅食。虱子也遇上了好年景，疯狂地繁殖起来。壕沟里的生活是如此糟糕，以至于有些男人找了前线附近的妓女。他们希望携带病毒的人传染病毒给自己，这样就可以去医院待一段时间。

狼群也进入特殊时期，夜里，它们从山上跑到无人区吃人——一个瘫痪的年轻人是最理想的美味佳肴。狼和老鼠对他的尖叫一点也不感到闹心。

但是，这场新战争对英格兰的马匹来说是最糟糕的。每周都有 2000 多匹马死亡。它们嘶鸣着——通常身体被炸开——

疯狂地在泥地里奔跑，内脏还掉在外面。很多马被机枪击穿，很多被铁丝网缠住，更多的马被一个英国士兵发明的榴散弹撕裂。亨利·施雷普内尔发明的榴散弹令它们惨遭蹂躏。总之，大约 50 万匹战马在战争中毙命，但那仅仅是一个估测的数字。真实的马数也许多得多。

战斗中，军人们偶尔可以休息几个小时。德国士兵能去军队经营的妓院里消遣，并且不需要支付任何费用。但是，他挑选的妓女很可能是一个可怜的罗马尼亚难民。他甚至不能与她交流，而她也冷淡。一切都是心不在焉且迅速的。他们还能聊什么呢？参与了历史上最大屠杀的鲁登道夫的部队就生活在这样的日常里。残暴的行为一直在进行，因为没有人阻止他们。的确，人们根本没有试图阻拦。

两年里，鲁登道夫和兴登堡一直宣称他们在对俄战线上取得了胜利。但是，这条战线上依然有太多的困惑，剩下的是没有结尾的战争以及太多的不确定性。为了让战争计划更符合逻辑和理智，两位将军试图说服德国皇帝做出一个铁了心的决定。他们想知道，在何处投入部队的主力，这样，他们就可以知道在西线还是东线取得主要的胜利。长达两年的时间里，二人都在催促德皇作出答复。

从 1914 年到 1916 年，德国精英们普遍感觉，胜利将首先出现在西线。有这样想法的精英被认为是“西线人”，他们坚定地认为俄国战线可以延缓。德军应该先击败西线的英法军队，只有在那之后，他们才可以转头全歼东线的俄国部队。之后，被孤立的俄军自然瓦解，德国赢得战争。

鲁登道夫的意见不同。他和“东线人”——那些认为胜利会先从东线开始的人们——觉得俄国是协约国链条里的薄弱一环，因此，他希望从那里打开缺口，月复一月地坚持打击，直到敌人被全部消灭。而且，他觉得德国有必要在东线变得更强大，以支援盟友里实力较薄弱的奥地利。

西线人和东线人纷争不断。西线人的领导，埃里希 · 冯 · 法尔肯海恩将军让鲁登道夫感到担心。法尔肯海恩这位久负盛名的、德军里最现实主义的军事家告诉所有愿意聆听的人，德国不可能全盘皆胜。德国必须限制它的野心，因为军士们并不能在西线和东线同时打胜仗。法尔肯海恩希望赢取一个有限的胜利，与俄国讲和。他不相信震天撼地的凯旋，他只想要早点结束战争回家。

以上对于兴登堡和鲁登道夫来说都是道听途说。他们迷失在了让德国成为世界最强国的光荣与梦想中。

但是，法尔肯海恩接着犯下了一个令数十万人丧命的错误。他让西线人相信德军能将法军引诱到一个叫凡尔登的地方，惨重的损失会让敌人立刻求和。因为凡尔登附近补给德军的铁路比法军的要宽阔许多，法尔肯海恩确定德军一定能制造更多的伤亡人数。由于这个快速补给弹药、人力和大炮的计划，西线人相信了他们能够在这场最后的战役中让法军陷于瘫痪。

后来的历史学家们鄙视这一战略。牛津毕业的一战历史学家杰胡达 · 瓦拉赫（特拉维夫大学历史系主任，著作等身的军事史专家）轻蔑地称法尔肯海恩，他“牺牲几十万自己人又杀害两倍敌军的行为，是一种魔鬼的姿态”。

一定时期内，法尔肯海恩处于上风。德国人开始执行凡尔登的阴谋，最初，他们看起来成功了。法国人上了钩，派了数万人参与激战。德军按计划将人力和军火弹药运往战场，火车车厢的地板上甚至还铺了高效的滚珠轴承。这是德国人从美国马戏大师巴纳姆学来的把戏，它可以更轻松地装运货物。德国人确信他们不费吹灰之力就能干掉法国。

但是，他们再次过于自信了。通过辛勤的工作，法国货车司机在第一个月里运输了五万四千吨火药、军需物资和 26 万名士兵。再者，因为法军准备好了各种机械随时向故障车辆提供维修服务，所以，没有一辆卡车坏在路面上超过两分钟。他们在战地附近开辟了采石场，用碎石加宽道路。很快，每 14 秒钟就有一辆补给卡车到达凡尔登。直到今天，法国人都将去往凡尔登的道路称为“神圣之路”，确实如此。

法国小说家亨利·巴比赛称这场战役为“炮火”，这个名字也恰如其分。德军凭借巨大的优势展开了出色的进攻，但是，法军反击得更为猛烈，因为他们的国家危在旦夕。尽管火药枪支不足，尽管毒气效果没有德军的毒气更致命，甚至，尽管身体里的血液都快要流干了，法国士兵仍然前赴后继。他们喊着圣女贞德的战斗号角：“我们会捉住他们！”然后继续追击，他们的身影陆续出现在炮弹坑里、月光下、狼群和鼠群之间。没有什么精心算计和激进的公式，只有一个受伤的民族为生死存亡而进行鏖战。当一切结束时，德国人惊恐地发现他们的伤亡人数和法国人一样多。

在所有的精巧计划里，德军都只与对方打了个平手。德军损失了 28 万 8 千人，法军 46 万人阵亡。因此，德国人在凡尔登取胜的愿望落空了。讽世者称这是一场“自负而虚荣的血浴”。西线人的梦想成了所有人的一场噩梦。文明人已经无法想象，一场战争何以夺走上 70 多万条生命。战争不应该是这样。美国人赢得独立战争只损失了七千名战士。当时运用的是旧式的作战方式，它简洁、精炼。仅仅因为没有惯例，士兵们甚至不用在冬天打仗。他们不需要将俘虏关进监狱。俘虏只要口头说出他的“假释宣言”——不会再战斗，他就可以回家了。而当军人们真正参战、打赢了，他们甚至邀请对方军官共进晚餐，谦恭地致敬他们出色的战斗。这就是战争的旧方法，它像国际象棋一样文雅。

新战争的方式大不相同。令人发寒的死亡数字就像旧时主教座堂里的钟声，它留下的令人麻木的损害则永存于世。换用一个罗马哲学家的警句，这些人创造了一个沙漠，然后称之为和平。

在凡尔登，交战双方的伤亡超过 70 万，谁都没有取得好结果。这还并不是唯一一场死亡如此巨大的战役。另一场同样残酷的战役发生在奥匈帝国和俄国之间打响，33 万 9 千人伤亡。1915 年，在喀尔巴阡山脉波兰与匈牙利交界处，奥匈帝国将军弗朗兹 · 康拉德 · 冯 · 赫岑多夫调动部队准备与俄国大干一场。那是一个同样令人心碎的故事。

天寒地冻，壕沟边的雪堆厚达 8 英尺。战士们在使用步枪之前不得不先将枪支解冻。风暴如此猛烈，以至于一个睡觉的士兵可能永远不会再醒过来。奥匈帝国将这支饱受战乱之苦的部队送往前线对抗俄国。俄国人从山崖上扔下炸药，将奥匈士兵打得七零八落。士兵们听见丛林里的狼嚎，有人声称，这些狼会将战士们生吞活剥。

由于驴马并不能运送足够的食物，奥匈帝国的士兵们饿极了。他们也冻僵了——这里夜间的温度达到零下 20 度。即便如此，他们在大半年里坚持守卫了普热梅希尔堡垒。这座堡垒附近，一万五千名俄军尸横遍野，他们像破碎的玩具娃娃一样，证明了守军的强悍。

但是，奥匈帝国的堡垒最终被攻破了。1915 年 3 月 23 日，战士们在投降的前一刻砸毁了堡垒里的机器、电话、电报以及炮弹装备，也杀掉了最后一批战马。直到最后一刻他们才放弃。9 位将军和 11 万 7 千名军人投降。当堡垒陷落的时候，奥匈帝国皇帝流了泪。

1915 年和 1916 年，由于德国发起的行动，成千上万无辜的人死的死，伤的伤。在混战中，鲁登道夫狡猾地嗅到了机会。西线人丢失了名誉，鲁登道夫为了得到更大的权力、全面掌控德国军队，他着手准备一个权力游戏。他的得力助手马克斯·霍夫曼上校记述，这一时期兴登堡基本不过问军事行动，鲁登道夫大权在握："鲁登道夫指挥一切，兴登堡过了很久才知道这点。”他继续写道：“我们基本上以‘兴登堡’的名义签发命令，但并不让他本人过目……鲁登道夫亲手操作一切。”

鲁登道夫的权力游戏起作用了。凡尔登失败之后，在1916年的最后几天里，鲁登道夫给德皇写了一封信。这封信由兴登堡呈上，信里认为法尔肯海恩不再像兴登堡一样对军队保持绝对的信心。信里声称，所有方面的损失都是史上最严重的。必须要采取措施，将军们迫切希望开始行动。

德皇被血流成河的情况弄疑惑了。他失眠，还开始读小说。他认为自己被英国背叛，同时也无法理解，为什么其他君主同僚们会密谋他的毁灭。当他特别伤心的时候，他就去色当战场散心。德军于1870年在色当大败法军。在那里，他沉思。他对胜利感到痴迷：德军像下象棋一样操纵法军，直到他们在自己希望的位置干掉敌人。德国人如此完胜法国，一位法国军官甚至说出了如下名言：“我们处在厕所的正中央，他们就要在我们头上拉屎了！”

德皇期待这样的胜利，但是它并没有到来。德国在陷落，它的荣光也在消失。德军和同盟军正经受历史上最糟糕的的战役。即便德国人表面上看起来要打赢了，仍有一些损失他们无法挽回。真相是，对于德国来说，“消耗”一词就等同于“失败”。

他必须采取行动让事情转好，否则德皇将像小丑一样沉没在历史中。而且他知道，如果德国输掉战争，他可能也会丢掉王位。太多的英国人开始讨论要在战争胜利之后审判德皇。无论战争多么残酷，英国人确信他们能赢。

德皇慢慢地垮掉了，他渐渐成了一位影子国王。这个可怜的人成为了他产业的唯一守门人，像游荡于荒野的李尔王一样，他漫游在自己的 31 座空荡的宫殿里。他对自己遭受的不公正感到狂怒，又疑惑这一切什么时候会结束。

终于，1917 年 1 月，德皇被迫将法尔肯海恩降职，破格提拔了鲁登道夫和兴登堡。兴登堡被任命为总参谋长，鲁登道夫是第一军需官长。这是一个艰难的决定，因为德皇已经开始鄙视鲁登道夫，他内心里认定此人“生性多疑，狼子野心”。然而，他不能没有这两个人，因为军队的情报宣传部门已经让全国都相信，这两位将军是成功的关键。从很多方面来看，德国人被他们自己编织的文字圈套给困住了。

因此，鲁登道夫如今成了德国一人之下万人之上的将领，他同时掌控了兴登堡和战争的进度。一些人认为，如此行事的德皇更像是通过毁掉王权来保存皇位。

许多德国人由于沦陷在战争的疯狂里而认为这一提拔是必须的。在短暂的时间里，兴登堡和鲁登道夫广受爱戴，公众对他们的晋升感到非常高兴。军人们也非常乐意，因为他们看到了胜利的曙光。社会民主党人感到愉快，他们觉得接下来胜利的代价应该比凡尔登的小。甚至连怀疑者也高兴了，他们觉得鲁登道夫根本不吃德皇宫廷里的那一套，因而是一个好人选。

只有一位要员反对提拔鲁登道夫：有先见之明的冯 · 马沙尔上校。他是一位脾气温和的德皇内阁成员，久经磨练。他讨厌鲁登道夫。随从们这样说：“他害怕虚荣骄矜的鲁登道夫会让德国人民在战争中消耗殆尽，然后把承担所有损失的责任推给德国皇室。”他确实说过，鲁登道夫会“毁灭德意志”。

但是他的声音微不足道。没有人发出警报。事实上，似乎没人理解到底发生了什么。正在发生的事实是，鲁登道夫策划了一场军事政变。从 1916 年到战争末尾，他主导着德国。他的权力在德皇和兴登堡之上。现在，他拥有了这么强大的权力，令人胆寒的问题接踵而至，他会用它来做什么呢？

第四章

“总体战”

当第一次世界大战进入1916年，它和1914年的冲突相比已经完全不是一回事了。德意志民族也不尽相同。鲁登道夫的总体战进行两年后，很多事情发生了改变。1916年，德国人民生活在一个他们从未经历的现实中。身处于这样的世界，他们根本无法看清自己，也无法意识到国家已经变成了什么样。

德国人正在死亡——这不是指鲁登道夫的士兵，他们的食物和物资补给是最优先的——而是德国的市民、普通公众。人民比鲁登道夫承受了更大的痛苦，军官们好像也知道这一点。土豆极度短缺，大多数人不得不以芜菁代替，1916年年底成了众所周知的“芜菁之冬”。

平民们组建了一条勇敢的前线。来自费城、后来嫁给美国大使的贵族厄内斯塔·德林克，偶然地造访德国。她惊奇地发现，如果年轻的士兵在战场上牺牲，邻居们会向他的家庭成员道喜，他们假装为国牺牲是值得欣喜的理由。但是，到了1916年，上百万人死亡，欢庆的理由不再明显，任何祝贺听起来都很空洞。

1916年，由于英国禁运引发了饥荒，德国男孩停止了生长发育。一份由卡耐基国际和平基金会发布的报告显示，战时每年有15万德国人死于饥荒。不可能有其他的结果，因为德国国内生产的粮食大部分都送到军队去了。鲁登道夫征用农民打仗也是另一个导致粮食供给缩减的原因。而最隐秘的原因是，鲁登道夫征缴了原来用于施肥的化学物品，它们被用来制作数不清的毒气罐。

这些气体由弗里茨·哈伯博士发明，尽管这位化学家参与了大屠杀，他仍然获得了1919年的诺贝尔奖。他的毒气是如此有效，以至于可以穿透敌人的面具，杀死这些原本带着充分防护装备的人。甚至连哈伯也警告鲁登道夫，如果没有化学肥料，德国顶多还能坚持一年，所以，鲁登道夫赢得战争的时间只有几个月了。一年之后，平民的伤亡将剧增，太多人会饿死，剩下的物资将不再能支持战斗。鲁登道夫对此建议满不在乎，他强调纪律，并且按自己的喜好为所欲为。

酸性的新式毒气能灼烧人的肺部。一次战役中，鲁登道夫和哈伯释放了168吨氯气。哈伯杀死了太多来自英国、法国和俄国的年轻人，连妻子克拉拉都直言不讳地鄙视他这种残害欧洲青年的做法。克拉拉也是一位物理化学博士，她懂得这些化学物质如何对男孩们的肺部造成伤害。

她并不知道所有细节——没有人知道。但可怜的伤员中有一位来自巴伐利亚步兵第十六团的年轻一等兵。遭遇了比利时的毒气战后，他的大脑开始被“癔病性失明”困扰。这个问题青年就是阿道夫·希特勒。

克拉拉·哈伯也讨厌丈夫为德军效力，讨厌他变成一名积极狂热的上尉。她厌恶他穿军装的样子。他任何时候都佩戴左轮手枪的行为也让她感到恶心。哈伯十分陶醉于自己优雅的外表，他与肤浅的女人打得火热。那些女人对他的打扮表示印象深刻。大家几乎都知道他和傻气的秘书夏洛特有一腿。哈伯已经不是与克拉拉结婚时的那个男人了，德意志也不再是她从小生长的那个祖国了。克拉拉坚信，如果哈伯是正直的，他会拒绝参与同类相残的争斗。她提醒，他是犹太人，而且想必也是跟她类似的文明人。

狂热的爱国者哈伯却指责她叛国。他认为人人——无论是犹太人还是基督徒——都应该为胜利付出任何艰辛。身为干净农民女儿的克拉拉则尖叫道，爱国主义和宗教与这事无关。关键的问题是道义，而他应该努力变得文明。

听完，身着英俊制服的弗里茨愤怒地夺门而出。克拉拉啜泣地讲完了他的罪行，拿出一把手枪来到花园，朝自己的胸前开了一枪。他柔弱的儿子、十三岁的赫尔曼飞奔过来，只看到正在死亡的她。他抱着她，鲜血流了满地。

从哈伯博士发明毒气开始，释放在这个家庭里的邪恶随着时间的流淌持续发酵。一战后不久，哈伯聪明的助手们研制出了更多的毒气，它们被用在了奥斯维辛集中营，被屠杀的人群中也包括哈伯的一些亲戚！当哈伯的儿子赫尔曼知道父亲的毒气杀死了几百万犹太人之后，他羞愧地自杀了。哈伯自己是唯一的幸运儿。1919 年，他获得了诺贝尔奖，最后在瑞士平静地去世了。人生对恶魔总是宽容的。

1915 年，在与敌人前几次的交战中，德国人使用了哈伯毒气，它造成了大量的人员伤亡。但是，这一行为也付出了代价，很快，文明社会开始将德国人视为野蛮人。最终，德国人被看作是古罗马人称呼的“人类的敌人”。

随后，战场上的局势也朝着不利于德国的方向恶化了。为了报复，协约国开始研发自己的毒气，他们还发现自己占据了一个地理优势。因为欧洲的风通常是从西吹向东，所以，协约国向德军释放的毒气更有效。德国人惊恐地发现，风刮向他们的日子总是比刮向敌人的天数多。

局势越来越糟糕。由于缺少化肥原料，口粮下降了。1916 年末，德国成年人每天摄入的热量下降到一千卡，这只够喂饱三岁的孩子。不久，越来越多的德国人开始挨饿，很多饥饿虚弱的人死于痢疾和肺结核。生活变得疯狂。仅 1916 年，德国大约有十二万一千人死于饥荒。这还是一个保守的估计数。

因为教室里没有煤供暖，大部分德国儿童不能上学。此外，年轻人需要为家人寻找生活用品。他们去仓库搜寻任何可能从军队运输车上掉落的煤块。只为找到食物碎片，他们翻遍了垃圾箱。他们尝试从工厂获得工作。他们向马路上散步的新贵族乞讨。一些有钱人是军火产业的吝啬大佬，他们正在生产世界上最强大的大炮。其他有些是黑市上的土王爷，他们拥有走私食品和操控价格的生财之道。1916 年，有的家庭为了买到几斤狗肉而变卖黄金白银。

孩子们尝试给家里帮忙。如果幸运的话，他们能逮住在外游荡的宠物猫。他们把这些猫杀掉、剥皮，然后告诉母亲这是兔子肉。母亲沉浸在有新鲜肉吃的兴奋中，根本不会起疑。一些冒险家什么都敢尝试，他们声称老鼠肉也很可口。由于太难获得食物，人们把未来当作第二天。活着撑到第二天已经是一种成就。为了达到这个目标，人们愿意吃任何东西。

与此同时，首要敌人英国比德国更好地保障了食物供给。英国人成功的食物供应可能比取得军事胜利更为关键，虽然他们在战场上也小胜了几次。成千上万吨小麦从加拿大、澳大利亚、新西兰运送回国，一位牛津教授称这些运输船为“流动仓储”。巨大的冷冻船仓将阿根廷、南非、澳大利亚、新西兰的牛羊肉运到英国。人人都被喂饱了，没人挨饿。

还有更多的支援。相同的运输船队将成千上万的年轻人从英联邦地区拉回战场，这些生机勃勃的年轻人被称为“年轻的狮子”，德军无法想象拥有这样的援军。除非德国人打破这些接二连三的援助，英国的禁运和战争升级将持续到德国亡国。

任何穿越德国的旅行者都会发现死亡的痕迹。这个曾经富有的国家被贫穷压倒了。土地是灰色的。到处是瘦弱的马匹。通常，田地由非自愿的劳动者耕种。他们是来自比利时、法国、波兰和俄国等被占领区的强制劳动力，对他们而言，故意拖沓地工作是家常便饭。

鲁登道夫将军和随从们享用着高级红酒和新鲜面包，而他的士兵却吃着混有锯末和草叶的假面包。政客们批评他比士兵吃得好，他这样反驳：如果柏林的批评者也愿意和战壕里的士兵吃同样的食物，他就和大家一样。

批评者们听到这话之后就沉默了。

鲁登道夫将军不理解食物短缺。不知怎的他说服了自己，饥荒并非由征用化肥引起，而是贪婪的家庭主妇贮藏食物造成的。当然，家庭主妇们是无辜的。为了让孩子多一天有饭吃的日子，许多绝望的主妇白天在寒冷的工厂里工作，每晚在生产线干 12 个小时的活。她们甚至睡在人行道上。如果幸运，这些妇女可以在第二天早晨买到芜菁和来源不明的肉。在很多市场上，女人们买回标签是猪肉的肉，心里却知道那实际上是从街上偷来的一块狗肉。大多数人已不再询问他们吃的究竟是什么了。

有天在柏林，一匹超负荷的马死在了路上。它被拖走之前，一群主妇像暴徒一般涌了上来。或许是心中装着挨饿的孩子，她们拿着刀将马的尸体分割殆尽，只剩下几根骨头。一位从丹麦来的演员震惊于这一幕：一个可爱的年轻女子抓起一块正在流血的马肉，抱在怀里开心地跑开了。

鲁登道夫试着让手下发明节省粮食的办法，但大多数做法都被人耻笑。他禁止人们在公园里喂鸽子。婚礼上，向新娘新郎投掷米饭也是违法的。他制定这样的法律，好像它们真的会改变食物短缺。

政府发布了以芜菁为主料的菜谱，但大多数都让人倒胃口。人们管芜菁汤叫“驴尿”，把芜菁酱和机油相提并论。大家说，这种黏糊糊的东西给猪吃还差不多。

与此同时，装满肉和蔬菜的四千辆火车每天开赴前线部队。但即便这样，士兵们也得不到足够的食物。他们骨瘦如柴。一些新兵在进行基础练习时晕倒了。

战时征兵和粮食短缺导致生育率下降了。鲁登道夫开始担心下一场战争会兵源不足。是的，他已经开始谈论下一场战争，就好像打一次世界大战还不够似的。他下命令禁止避孕。他不接受德国妇女拒绝生育。但女人们有权拒绝把孩子带到这个悲惨的世界里来，这是一个正在被鲁登道夫毁灭的世界。

护子心切的母亲们联系反战组织，从那里获得地图、通关文书和指南，再让儿子带着它们出逃荷兰，获得自由。这些女人们也担心她们的丈夫不会再回来，因此常常与农场里的苦役偷情。这些女人处境悲惨，正在失去家人。那些苦役也是背井离乡的可怜人。所以他们有很多共同点，经常被彼此吸引。鲁登道夫对此感到惊慌，他通过法律禁止妇女和外国苦役发生性关系。人们疑惑鲁登道夫的警察局会怎样执行这条法律。他们会躲到人们的床底下倾听呻吟吗？

为了改善后方局势，鲁登道夫将军从被占领地区征用了更多的苦役。他的代理人在那些地区横征暴敛。他们扫荡了比利时的工业区，没收了所有的机器。他们偷走了工厂里的机械，留下一座座空荡荡的厂房。随后，鲁登道夫的手下住进工厂，他们宣称失业的比利时工人是有罪的闲人。本来是空荡的厂房里没有工作机会，这些平民却被诬陷为不愿意工作。1916 年冬，德国特务绑架了成千上万的比利时平民。他们被装进没有食物和厕所的货车车厢里，连夜运送到德国的农场、工厂，充作苦役。反抗者被送到了有“地狱营房”之称的破陋棚屋里。德国人把那儿的地板用水冲得滑溜溜的，以方便结冰。除非囚徒们改变反抗的想法，他们必须在冰上睡觉。

战争中，23 万比利时人作为强制劳动者被送往德国，比这人数更多的是法国人、波兰人还有俄罗斯人。当一个叫赫伯特·胡佛的美国工程师在比利时对此进行严正抗议时，德国人反驳说，他们给这些苦役支付了工资。但是，并不存在什么工资，没有人把钱汇到家里。事实上，数万名工人根本没回过家。一位移民的苦役——他受过教育、读过《汤姆叔叔的小屋》——说自己宁愿成为美国农场里的黑奴也不要当鲁登道夫战争里的外国苦役。

外国苦役不是鲁登道夫帝国唯一的悲惨俘虏。德国士兵也变成了俘虏。截至 1916 年，德国损失了 160 万士兵，这个数字不断攀升，大批被强制征召的受虐待的人，像机器人一样走进吞噬一切的战争无底洞。

“机器人”确实是这次大战之后创造的一个词。它出现在 1920 年捷克剧作家卡雷尔·恰佩克的剧本《罗素姆万能机器人》中。这个词语描述了当时的新风潮：许多人甘愿充当受害者，他们是一群正在死亡的会思考的奴隶，人数达到数百万。

在凡尔登战役的高潮，一位德国机枪手的平均寿命是 15 秒。然而这些人并不抱怨。这场战役中，“机器人”的死亡人数达到了神话般的数字。它成了历史上最具谋杀性的事件，造成的影响远超过 14 世纪的黑死病横行和 16 世纪的梅毒肆虐。

德国议会代表、政治家汉斯·彼得·汉森对这场毫无意义的冲突感到无奈。他在回忆录《垂死帝国日志》里写道：“我们赢了又赢，直到跑得比死亡还快。”这位能说多门语言的代表考察了斯堪的纳维亚的报纸，发现普通丹麦人对战争的了解竟比德国的资深政治家们更深入。丹麦人只是阅读他们自己的报纸，后者参考的是鲁登道夫总部发出的机密文件。

担任德国战争部要职的工业家瓦尔特·拉特瑙这样说：“我们应当常胜至死。”他进一步警告，当前的战争没有目标。正如他对一位政府官员所说：“你知道我们在为什么而战斗吗？我不知道。如果你能告诉我答案，我会非常高兴。”跟拉特瑙和汉森类似的人们从胜利之中看不到任何意义，试图给出答案的军事专家也显得磕磕巴巴。

战前，德国画家弗兰茨·马尔克创作了一些包含蓝色、红色马儿和其他非凡意象的画作。他生活富足，经常和梵高等朋友一起玩。梵高很喜欢他的精气神。之后，他自愿入伍，并相信了当局的宣传——战争会扫除现代文明的堕落，找回更优秀的东西。

这位伟大的画家很快被送到了凡尔登的战火中。他在那儿迅速地感知，这场灭绝人寰的屠杀并没有开创一个更崇高的时代。这场新德意志风格的战争将人类变成了屠宰场里的动物。“一切都是燃烧的痛苦，”马克悲叹。他警告厄运将横扫曾经辉煌一世的祖国，直到他被一块弹片击中脑门，不合时宜地失去了性命。他的朋友们如同等待被屠宰的动物，不知道自己的命运归属。因为亲眼目睹人们在凡尔登的悲惨命运，他比大多数人更懂得：“死亡是救赎。”他的遗言里说：“这场战役是我们牺牲自我去成全的最邪恶的事件之一。”

那年，一百多万人在欧洲战场上牺牲。战马惨死，城市崩溃，图书馆被烧光。士兵们的尸体通常无法被妥善安置，他们就躺在作战中倒下的地方，身体挂在“无人之地”上的铁丝网上，手臂舒展着，像十字架上的罗马奴隶。英军战壕里的老兵们发誓说，巴伐利亚人的腐烂气味比普鲁士人的要难闻许多，但在这一点上，大家的意见并不一致。

英国著名作家、才华出众的西格夫里 · 萨松在诗歌《劫后》里这样描述悲剧：

> 你还记得老鼠、战壕前腐尸的臭气
> 和那灰白色的黎明，那绝望大雨的刺骨寒气吗？
> 你是否停下脚步询问：“这一切还将再发生吗？”

圆满服役而且功勋卓著的萨松表示，他“和战争一起完蛋了”。他写了一封有挑衅意味的信，并让朋友在英国国会上议院朗读了这封信，结果整个上议院为之震惊。他警告人们不能请求一个小男孩成为一场疯狂战争的最后牺牲者。很快，他为在劫难逃的军人写下颂歌。虽然国家在战争纪念碑上称他们为“感恩的死者”，但是战士们对这样的称呼并不感恩。

来自纽约州刘易斯顿镇（距离尼亚加拉大瀑布不远）的十九岁二等兵埃尔顿·麦克林记录了他作为通信兵所见到的情景。他经常穿梭于战地之间，完成密友们口中的“自杀性任务”。他写道：“你看过被子弹射穿的战马死前嘶鸣着、拖拽着死于流弹的骑兵沿路狂奔吗？马儿死的时候可比人死的时候闹腾多了。”麦克林写了一本诙谐的畅销回忆录《我们突然不想死》。尽管他和其他通信兵属于“自杀小分队”，但他平安地度过了战争。

然而没几个人像他一样幸运。死亡追赶着每一个人。人们知道，连德国最优秀的飞行员、著名的“红男爵”曼弗雷德·冯·里希特霍芬男爵也自言自语有天死神会追上他。这当然是正确的。他在一次空中侦察中被一颗偏航的子弹击中了。

高压之下的人们经常崩溃。很多人疯了。有时候，医生管他们的痛苦叫做“炮弹休克症”，有时候又叫“战争疲劳症”。患上这些疾病的士兵经常不被人理解，有人甚至因为胆小被枪毙。

鲁登道夫将军十分勤奋地工作，在不断斩获胜利的同时，他也付出了极度痛苦的代价。他在战术上是最好的军人，在战略方面却是很多人见过的最蠢的人。战术上，他指挥部队取胜的技巧无人能敌，他对细节的关注成为了传奇。但是，当需要依循宏观策略、理解国际外交以及不同国家的意愿时，他糟透了。他的军事哲学是一直战斗，直到所有的敌人死光。他唯一能给予的就是一场无休止的战争。

在法国，两位王牌军官埃德蒙德·比亚将军和乔治斯·贝克上校分别研究了鲁登道夫，他们尖刻的结论比英语世界已出版的任何著作更有用、更严厉。

首先，他们鄙夷鲁登道夫不停假装德国是无辜的、它的敌人都是野蛮的。比亚写道："鲁登道夫的虚伪骇人听闻。"鲁登道夫将所有的对手都视为侵略者和蠢蛋。

第二，他们特别指出，鲁登道夫依照固定而不灵活的程式来强迫执行计划，这毁掉了他的军队。他一般事先制定一个过于详细的计划，并假设部下们能够完成那些不可能实施的任务。他还假设敌人们都是无能的。总之，他认为自己人是神仙，而敌人是魔鬼。他发布细节丰富的、完美的命令，却没有教部下们，如果计划失败该怎么应变。他永远不能像角斗士一样走进赛场，或者像拿破仑一样临时想出对策。

第三，他从不整合自己的攻势。赢得战争的关键不是增添死亡人数，而是将所有的资源调动起来，终止一场不断延长的战争。

第四，打胜仗的将军在战争中必须利用到"大规模机动作战"。鲁登道夫经常用光储备的机动人员，然后抱怨没有得到充足的支援。他像挥霍家族财富的赌徒一样用光了军事资源。最终，他彻底地缺乏人手。

第五，战争中，一位将军必须读懂敌人的想法和实力。试图掌控一切的鲁登道夫却经常不顾手下的适应能力就希望将一切准备妥当。更糟糕的是，他没有整体眼光。和在越南的美国将军一样，他统计俘虏和敌军的死亡人数，仿佛它是一张容量广阔的积分卡。鲁登道夫从来不做一个伟大将军应该做的事情：他不知道怎样俘获敌人的心，怎样果断地赢得战争，怎样认清现实谋划有望成功的和平。

历史学家们并没有看清楚鲁登道夫的全部面貌，这并非他们的过错。互联网发展之前学者们无法接触到太多历史档案。直到最近人们才能够冷静地评判鲁登道夫。事实上，他是一个极度让人迷惑却又大权在握的人，这一点跟德国皇帝和希特勒类似。

他有很多弱点。他不能忍受压力。他不能精准地估测敌军的实力，尤其是美军。他也不能对敌人的武器——尤其是英国坦克——作出准确判断。他没有能力看清自己部队的悲惨遭遇，也不知道 1918 年部队的士气是多么低落。士兵们在战争的最后一年里已经不相信取胜的可能。他不能从错误尤其是战败中汲取教训。最后，他对战争的政治和外交事务没有表现出一丝兴趣，这一点后来对他和部队构成了最严重的威胁。

一流的学者指出，鲁登道夫是自己宣传活动的囚徒。他费力地写出那么多梦幻般的宣传语，那么多关于伟大成就和牺牲的传说，以及德意志帝国和权力永不磨灭的前景（虽然是这权力使他根基不稳）。他也在后方撼动了精英们的统治基础，他助长他们的贪婪，点燃他们的欲望之火。他由此促使军队和政府变成了一个随时可能引爆崩塌的疯人院。最后，鲁登道夫从未批评过自己，或是怀疑自己是否出错。当一切灰飞烟灭时，鲁登道夫像神庙里的犹太力士参孙一样，只愤怒政府和人民没有足够地支持他。这是一派胡言。德国的王牌将军威廉·格罗纳替德国人反击这一谎言："如果因为德国人民输掉第一次世界大战而诋毁他们，这是最大的不公平。他们在战场上牺牲了年轻一代。他们持续不断地工作，他们经历了无尽的匮乏与痛苦……他们证明了自己……最终需要承担责任的……是军队。"

鲁登道夫对以上一切视而不见。这场战争从头至尾他都没有怀疑过自己。他喜爱战争而且是持续的战争。就像罗马农神一样，他吞噬了自己的儿子。他的妻子玛格丽特身心俱疲，她在鲁登道夫的宣传动员中失去了两个儿子。生活和丈夫的所作所为让她摇摇欲坠。1916 年，她家的男孩是空军军官，每天早晨都可能在与英法王牌飞行员的较量中牺牲。空中的较量让人心惊胆战，因为协约国的飞机速度更快，爬升的高度更高，还拥有超大马力的引擎，足以令德国人晕眩。协约国的飞机数量比德国多，他们的飞行员接受了更多的训练，后备人员充足。

德国飞行员在劫难逃。大多数人战斗几天就牺牲了。鲁登道夫家的男孩飞向空中时做好了必死的心理准备。当活着回来时，他们感到宽慰。其中一个男孩经常真诚地讲出自己的高兴："我又可以多活 24 小时了！"有儿子在空军的母亲们知道该期待些什么。很快，她们寄出的信件会盖着"已死亡"的印戳被退回。

鲁登道夫没有目标地作战导致血流成河。他一丁点儿也不改变策略。最终，协约国总司令费迪南·福煦不得不停下脚步问自己:“鲁登道夫知道自己是干什么的吗？”福煦知道鲁登道夫拥有一支强大的军队，但这支部队在他的指挥下漫无目的。

鲁登道夫自信，他和部下就是政府，他们制定一切决策。结果，他从不采纳任何人的建议。因为他相信德军更优秀，他骨子里觉得必须赢。他已经确保一切细节安排妥当，所以怎么可能失败？如果他们必将取胜，那么他又何必听从别人的指示？

鲁登道夫觉得自己是德国真正的统治者。他本质上发动了一场安静的政变。虽然德国宪法规定皇帝至高无上，但鲁登道夫像暗夜窃贼一样偷走了他的权力。德皇没有成为自己梦想中的武士，通常，他只是一个有特权的旁观者。每当鲁登道夫和德皇意见不一致时，鲁登道夫一拿辞职威胁，他就像稻草人一样倒下了。

这段时期，德皇经历了若干起伏。理论上，因为鲁登道夫和兴登堡报喜不报忧，他应该更快乐。但是，德皇对他们计划阶段的任何事情都不知情。他只是在事后才知道他们的决定，而且只知道有利的事。愉悦的消息包括动物园出生了一头带斑马条纹的牛犊，或者公园为老兵修建了一座喷泉。他也听到各种英雄事迹的简报：一名战士捉住了一排法国兵，一名机枪手杀了一整队英国佬。将军们收集各种逸闻趣事安抚德皇。

德皇在某种程度上意识到了这些。他曾经抱怨，“总参谋部不告诉我任何战事，也从不询问我的意见。如果德国人民认为我是最高元帅，他们就大错特错了”。他意识到自己有多失败了吗？有一点是肯定的：他默许了这些事的发生。现在，他砍树，沉思，喝茶，读小说。在特别堕落的日子里，他指责英国人，然后是犹太人，甚至还敦促人们“像俄国人那样”实施集体迫害。

约翰·罗尔教授的著作《德皇和他的王庭》深度考察了以上历史，该书于1994年由剑桥大学出版社分三卷出版。最后一章“德皇威廉二世和德国的反犹主义”展示了德皇如何将自己阶层对国家造成的灾难全部推卸给犹太人。

德皇犹豫不决，鲁登道夫持续执掌大权，伤亡人数不断增加。无论人们如何评论鲁登道夫使用毒气、新式大炮和铁丝网，事实仍旧是，他是一个以精确著名的民族中做事最精确的军官。随着战争继续，他变得冷漠、疏远，或多或少地缺少人性。肖像画家雨果·沃格尔对鲁登道夫的妻子坦承：“您丈夫的气场让我感到后背发凉。”

鲁登道夫很少开怀大笑。他谈论美国大兵是一文不值的狗杂种时会大笑。根据他的估计，美国军队的规模很小，世界排名第十七位，比伊朗还靠后一位。他确定这支部队毫不重要。他鄙视他们。其他军官如德国海军上将阿尔弗雷德·冯·提尔皮茨也同样宣称美国军队是“无名小卒”。

令人遗憾的是德国军事领导人没有学习过美国革命。1776年圣诞节前夜，华盛顿在特伦顿镇袭击了德国雇佣军。那晚，美军狂扫德军，以2名伤亡人员的代价俘虏了900人。他们赢取了美国革命中的第一次胜利。这显示了美国人有实力抵抗德国，也显现出德国人也许愿意尊敬美军。但是，唯一能理解这次战役意义的德国要人是驻美大使冯·贝恩斯托夫伯爵。当他谈起美国人如何让人印象深刻时，他的德国同僚报之以无尽的嘲笑。他最终对德国失去信心，流亡美国。

鲁登道夫从不听取贝恩斯托夫这类人的意见。“我一点都不在乎美国军队，”他说。他并不担心跟美军打仗。他说美国人不会大量地志愿参战。即便入伍，他们也不会迅速地完成训练。即便完成训练，他们也不会很快抵达欧洲，因为没有足够的运输船。即便他们有足够的船，德国潜艇也会将船击沉。鲁登道夫相信海军上将冯·提尔皮茨，他保证：“我以军人的名义发誓，不会让一个美国兵登上欧洲大陆。”

但是，提尔皮茨没能遵守诺言。1918年，实际上有150多万美国人在欧洲大陆作战。冯·贝恩斯托夫伯爵试图说服将军们，他熟悉美国、这个国家资源“无限”，但是鲁登道夫不听取这一建议。他嘲笑美国人可以自己建立一支职业军队的想法。

出奇的是，鲁登道夫的助手进一步向他保证，密尔沃基等地的德国移民将起义，他们不会让美国对他们热爱的德国宣战。这些助手不知道，德国的自由派奔赴美国为的就是躲避右翼容克老贵族，他们愿意与狂热的保守派斗争，随时保卫美国。

令人震惊的是，百万德国人战死疆场这一点丝毫不能威慑鲁登道夫。战争的痛苦、永无止境的牺牲并没有打动他。他大概永远无法明白美国乔治·马歇尔将军的想法。在另一场世界大战中，马歇尔将死亡人数标记为红色以提醒自己这些数字代表什么。鲁登道夫将军没有被提醒。他通常远离前线。当他偶尔地靠近前线时，他则被马屁精们以安全第一的名义包围。他和兴登堡从来不身处炮火之中。从没有人看见他跟一名饱受战争之苦的前线士兵讲过话。他从来不知道战士们戴着防毒面具睡觉是什么滋味，还有不能洗脸、没有厕纸和牙刷、用手吃冷食，以及害怕与新来的人交朋友是什么感觉。下周新朋友可能就会死，这会让自己变得更悲惨。

更糟糕的是，鲁登道夫从来不知道当英国重达 10 吨的坦克朝着德国士兵轰隆行进时，他们有多么无助。他们只好将子弹像小石子一样连发出鞘。哪怕鲁登道夫的无用军事行动致使同事们的儿子也牺牲了，他的再战决心依然不死。

这种死亡不能像震撼著名英国作家拉迪亚德·吉卜林一样冲击鲁登道夫。1915 年，吉卜林的儿子杰克在西线那年英国规模最大的攻势卢斯会战中失踪，吉卜林悲痛欲绝。那场战役之后，他花了数年时间搜寻杰克的葬身之地，以及关于他具体死亡经过和牺牲意义的任何线索。谣言说，敌军炮火袭击的时候，这孩子正在讲笑话。他求大家告知：“是什么笑话？”他为儿子写下幽怨的诗句：“您有我儿子杰克的消息吗？／您觉得他何日方可归家？／其他人是否听过他的消息？”但是，无人知道杰克的下落。

吉卜林写了许多信件和长篇文章。他派发了几千封小册子，里面描述了儿子的样貌，以及他可能作为囚徒倒在德国战壕里的猜测。他去信给柏林的美国大使和身在美国的西奥多·罗斯福总统，希望他们给出建议或者线索。罗斯福——这位已经失去诸多战友并且即将失去爱子的著名老兵——同情地回信，“有太多的事情比死亡更糟糕”。

士兵告诉吉卜林，卢斯会战的第二天，杰克第一次上战场，却像一只待宰的羔羊在几分钟内被屠杀。他的脸血肉模糊，同伴们几乎无法辨认。死去的男孩、失踪的儿子——如今已成千上万地牺牲于远方的战斗，埋葬在遥远的坟墓里。

数年来，寻找这位失踪英雄的葬身之处成了吉卜林爱好者们的挑战。1992 年，在这场战役结束四分之三个世纪后，研究人员推测杰克埋葬于卢斯的一座公墓，位于 D 行第 7 个位置。但是没人能确定。而且人们如何能确定？那么多被炮弹炸飞的尸体，要么静躺在泥土里，要么飞掷于低洼的水坑里，由于上面残留的活性毒气，它们变得非常危险而无法让人靠近。政府发现，更安全的办法是将它们掩埋，竖起一个十字架，然后离开。这些十字架上刻着“安息”的首字母，死者的朋友们则建议这些字母意指“如有可能请复活”。对于这些男孩在第一次世界大战中的牺牲，吉卜林写了辛辣的诗句。他想象这些孩子们从坟墓中大声地呼喊：“如果人们问起我们为什么死了 / 告诉他们，因为我们的父亲撒了谎。”

生命的逝去极大地伤害了如吉卜林一般的文明人，但是，鲁登道夫安之若素。只有当指挥压力剧增、他开始真正担心失败时，妻子才发现了一些改变。她发现午餐时，被军官包围的鲁登道夫一边讨论战败，一边把面包捻成球。这意味着他在生气——要么对部下或者德皇，要么对前线或者外交官，要么对同盟国或者对敌人。然而他从来不会对自己懊恼，因为他从不怪罪自己。这个特点在德皇和他未来的朋友希特勒身上也具备。这三人宁愿自杀也不会承认自己错了。对他们来说，想象国家辜负他们而非相反是更容易的事。

对他而言，根本不存在恐惧战争这回事。在鲁登道夫眼里，战争是人类的自然状态。战时的破坏力并不使他不安，因为这是正当的事态发展。跟其他战士不同，他不渴望和平。对他来说，和平是精彩的战争年中让人讨厌的间隔。而战争必须是总体全面的。旧时绅士之间的有限战争对他来说就是逃避责任。那甚至是不忠诚。

鲁登道夫完全抛弃了普鲁士军事战略家卡尔·冯·克劳塞维茨强调的战争的政治维度。克劳塞维茨认为战争是政治通过其他方式的延续。对克劳塞维茨而言，政治是中心体。鲁登道夫认为，这一看法在战争新时期是非常错误的。他认为，战争才是中心体，政治不过是战争的延伸。战争对鲁登道夫来说始终是生活的主题。政治和政治家除了为战争服务，没有别的作用。

这意味着，任何爱国者都必须尽力打造一个全民族都为之服务的武士之国。这是一个野蛮的想法。但它对德国来说并不陌生。三十年前，一个强硬的德国人做出了同样的预测。卡尔·马克思犀利的同志弗里德里希·恩格斯1887年的一篇文章透露出惊人的洞见力。他预言德意志文化正引导国家走向何处：

> 最终，德国除了参与一场世界大战、一场迄今为止其广度和强度都无法了解的战争，它没有办法获得别样的满足。八百万到一千万士兵将互相啃噬，蝗虫也无法像这样将欧洲毁灭殆尽。三十年战争的恶果在三四年时间里浓缩并延伸到整个欧洲大陆：饥荒、瘟疫、所有军队和民族的野蛮化倾向……以破产、旧政体与传统治国术的崩塌而告终……其毁坏之巨以至很多皇宫贵族流落街头，没人愿意收留他们。

鲁登道夫尤其引导其他人也这样想。他之后写了一本《总体战》（注：又译“全民战争”），纳粹对此书颇有兴趣。他希望在一场战争中，军队不仅主导政府，还主导教会，这样，整个民族就会有压倒一切邻邦的力量。在他看来，每个人都应该知道如何指挥，要不然就得服从。

某种程度上来说，鲁登道夫只是这漫长文化进程中的产物。但是，他大权在握。他统领了权力，将它汇总、放大，再让它膨胀、发光，然后扔回给德国精英，让他们更加为之陶醉。问题在于，他从未看到这一过程要求的资源超过了德国人民能够负荷的限度。

历史上还会有跟鲁登道夫类似的将军吗？一次，为了隐蔽夜间转移的大炮，他在沉箱上放满青蛙。青蛙的叫声盖住了移动中的机器声，当部队黎明开始进攻，他们取得了令人惊讶的成绩。在这些事情上，没有人比他更聪明。

又一次，与一支英法联合部队交锋时，他一举击毁两军相接的铰链。他相信可以从那里找到最薄弱点。

此外，他四处网罗人才。例如作风迅猛的火炮专家格奥尔格·布鲁赫米勒上校经常提出重要的新观点，他有时也被称为现代炮弹之父。他还被称作“蒸汽压路机”。虽然只是售货员的儿子，虽然他手脚笨重到骑马的时候摔跛了腿，但这位善于反省的思想者开发了大量新战术，它们足以使缺乏警觉的敌人不知所措。布鲁赫米勒坚持出其不意的必要性：袭击必须突然发起；所有歼敌力量必须集中；必须攻击敌人的指挥所、电话线和机枪点；必须等大炮刚挪动到人前时就开火。这造成了十分致命的结果，连部下都把他指挥的袭击称为“钢铁旋风”。

格奥尔格·布鲁赫米勒的战争方式在当时成了壕沟战最高效的克敌之策。他为此得到了另一个绰号“破纪录先生”。

无人在战术的琐碎事务上超越鲁登道夫。尽管德国战斗人员和物资补给的损失多于敌方，但他帮助德国在两线作战的情况下存活了下来。他连续多年做到了。这个成就很重要。但是，在更宏大、更能决定战争是否爆发的外交战略和国际关系方面，鲁登道夫表现得比乡巴佬还糟糕。当德国在这些关键问题上命悬一线时，他没有远见。他居然相信有人能诱骗墨西哥人攻打德州，或是非裔美国人会接受哄骗将美国四分五裂，还有密尔沃基的德国人将对抗美国人民。他唯一的策略都是军事上的，即便如此，它也没有超过战役战术的范畴。他模糊地提到，“我们破局，胜利自来。”

但是，当部队匆忙找到破局突破口时，他们遇到了棘手的问题。哥伦比亚大学肯尼思·杰克逊博士解释，敌人不可避免地为这种情况预留了一些军队，他们一旦休息充分就会乘火车和卡车匆匆赶来填补缺口。机动部队强大到足以摧毁入侵军。战争中，这样的情景一再发生。如果入侵军依靠英雄气概前进了一小段——比如几百码——他们会顺势形成一个凸起。然后，守军就可以从不同角度捕杀德军。入侵的德国人受到三面夹击必然折返，他们不仅损失惨重，而且僵局持续。哥伦比亚大学的明星学者、纽约历史学协会主席杰克逊坚信，这个困局是一战长时间僵持的主要原因。

战争发生了改变。著名历史学家罗伯特·奥康纳指出，德国人继续谈论着坎尼和汉尼拔。事实上，德国军事理论家直到下一场大战依然对坎尼喋喋不休。但是战争变化了。现在，一位将军必须分析每一步行动的后果、互相联系的含义和影响——它们如同在广阔平原发生碰撞的桌球一样。

一些人觉察到了正在来临的转变。少部分人研究了美国内战。它一开始进展迅速。先是 1861 年在奔牛河等地宽广田野上的骑兵冲锋、短兵相接，然后，战争节奏减缓，一系列拖沓的竞赛发生了，比如 1863 年葛底斯堡战役。最后，战争陷入了无止境的壕沟战，例如1865年里士满城外的防守。一些事情明显正在演进，但它是朝哪个方向呢？

关于预测新冲突，华沙天才、犹太经济学家让·德·布洛赫写了一本三千页的《战争的未来》。该书在1899年出版，此后多次重印。布洛赫预见，战争改变了地球上的生活。他说，你可以回顾历史从而尊敬乔治·华盛顿只付出了七千多条生命就赢得美国革命战争。然而，代价这样微薄的胜利再也不会发生了。在战争的新世界中，一个国家可能在敌对状态的头几日就损失三十万人——正如法国在一战第一个夏天的遭遇，而它仅仅是开始。

用中世纪法国诗人弗朗索瓦·维庸的诗句来说，过去的旧战争“随风而逝了”。布洛赫询问的所有专家都表示，有了铁路和大炮、铁丝网和机枪、无畏号驱逐舰和新式飞机，任何冲突都能引起一场卷入百万军人、死伤巨大、杀戮无数的惨烈战争。这样的新式战争也带来饥荒和破产，它们毁灭整个王朝。

布洛赫进一步说，新式大炮能够“相互毁灭”。除非己方人数能至少8倍于敌方，一场大规模袭击一定会失败。吉卜林的儿子惨死于1915年的卢斯会战，当时英军人数比对手多7倍。更多的英国年轻人死于毒气——防毒面具并不怎么有效，镜片常常起雾，他们摘掉面具就死了。士兵们勇气可嘉，但活不长久。

饥荒降临了。你并不能同时喂饱作战的庞大军队和后方人民。你必须做出选择。一个像鲁登道夫一样的将军不可避免地选择先喂饱部队。但是，饥饿的人民很快给战壕里的亲人写信，倾诉悲惨处境。这瓦解了很多年轻人的士气。

曾经幸福的人民像僵尸一样在战争中苟延残喘。著名探险家厄内斯特·亨利·沙克尔顿爵士在南极待了一年多，于1916年返回。见到第一个人他就问，“战争什么时候结束的？”答案令他沮丧：“战争从未结束，”一个朋友回答，“欧洲已经疯了”。

战争带来的改变也渗入了语言。平民开始用“在最上面”形容“骇人的”。它来源于向上攀爬壕沟的军人。如果一个人很坏，平民们会称他“多虱的”，这个词最初描述长虱子的士兵。一个受重伤的男人被称作“篮子”，据说是形容没有四肢的战士，他们必须被放进篮子里。

生活空隙里随处可见战争的残酷。由绅士主导的优雅的有限战争完全被遗忘了。相反，人们开始使用美国内战中格兰特将军最先说出的一句话。1864年春天，格兰特在弗吉尼亚讲述了他如何打败南方军队：“我决定持续打击敌人的武装人员和资源，直到叛军的军事力量完全被消耗殆尽。”

欧洲人很少研究格兰特实践的消耗战。实际上，高明的《牛津英语词典》竟然无知地将“消耗战”一词追溯到1914年《伦敦时报》的一篇文章。如果欧洲人深入地研究过美国历史，他们也许就不会吃惊于新式战争的摧毁力了。在一场世界大战中，消耗就像世界末日。它笼罩在一切事物之上，让生活变成了日常的恐惧。

很少有人喜欢这样的新式战争。索姆河战役中，奥地利服役于巴伐利亚预备师的一名古怪士兵腿部中弹，他获得了奖章并为此感到骄傲。直到那时，他的生命中还从未经历过成功。他狂喜，想要在战争中表现更好。这名士兵是阿道夫·希特勒，他也是相信这场战争给德国带来了荣耀的极少数人之一。

但是，战争事实上只带来了僵局和屠杀。一个有意思的报道是，一位协约国将军发现了成功开展进攻的秘诀。俄军最优秀的军官阿列克谢·布鲁西洛夫将军发现奥地利部队是德国战线上的薄弱环节，他决定先粉碎这一环。1916 年 6 月，他多次出其不意地打击了这支部队。一次炮火封锁的时间之短让敌人根本无法作出反应。然后，他利用突击部队在更广阔的战线上袭击奥地利人。每支小分队进攻一个具体的薄弱点。俄国军队绕过每个要塞向前挺进，他们窜入阵地后方，射死了厨子、书记员以及将军。他们搅得敌人一片混乱，使奥地利根本没有时间恢复平衡，发动反击。

俄国伤亡严峻，但他们是胜利者。奥地利损失了 132 万 5 千人，从此不再是第一次世界大战的有效武装力量。这场袭击被称为“布鲁西洛夫攻势”，它是协约国以将军名字命名的唯一成功的进攻。温斯顿·丘吉尔称赞俄国人的“鲜血、辛劳、眼泪和汗水”——这雷鸣般的语句后来广为人知但被误引为“鲜血、汗水和泪水”。丘吉尔把布鲁西洛夫捧上了天。在他关于俄国前线的著作《不为人知的战争》中，丘吉尔认为布鲁西洛夫比任何俄国将军都出色。

然而，布鲁西洛夫的天才也有适得其反的时候。一次，鲁登道夫迅速研究了敌人的胜利，获得了教训。他很快用同样的策略对付法国和英国，结果却很糟糕。鲁登道夫百折不挠，工作勤奋，丝毫不让坏消息影响自己。他的确太拼命。四年的战争里，他只休息了三天。他的健康开始遭殃，他开始喝酒，而且患上了突眼性甲状腺肿。这一疾病令他的甲状腺功能受损，眼球突出。他怀着激情缓步走向毁灭，却将欧洲也拖入废墟的狂欢。欧洲人口和经济的倒退需要若干年才能恢复。没什么能阻止鲁登道夫和他的将军们，因为他们已经相信，只要增加打击力度直到敌人无法抵抗，他们就赢了这场野蛮战争。他无法理解，英、法、美这些所谓堕落的民主国家为何比德国更强大，战斗得更持久。于是，他谴责德国的战争和毁灭。

战时，伍德罗·威尔逊总统的特派代表爱德华·豪斯来到德国，他惊奇地发现很多德国高级领导人都跟鲁登道夫想法类似、鼠目寸光。他们相信一切最终会步入正轨。豪斯只遇到了一位头脑清醒的德国官员，那就是工业家瓦尔特·拉特瑙。

拉特瑙是一位思想家。他的一位祖先是中世纪巴塞罗那的犹太教大祭司，他曾经将被隐瞒的令人难堪的真相告知全国民众。当没几个德国人意识到他们能轻松结束战争时，拉特瑙就表达了终止战争的希望。他了解德国人必须在没有吞并和赔偿的条件下议和。这一点丘吉尔之后也作出了声明。人们愿意停止打仗回家。

这愿望差点就成功了。然而，为了让人民做好战争准备，鲁登道夫在全德国发起了一场宣传攻势。他制定了两套政策。一个是旨在大幅增加武器和人力的“兴登堡计划”。另一个是“鲁登道夫和平”。尽管名字里有和平，它宣扬的却是升级战争，通过战斗取得胜利，强制性地取得赢者的和平。

在第一个计划中，鲁登道夫要求将弹药和迫击炮的供应翻两倍、大炮和机关枪翻三倍。另外，还须大量增添飞机、高射炮和毒气弹，以及几千里长的铁丝网。他唯一不想要的是由英国人发明的新武器坦克，它让鲁登道夫感到厌倦，并且拒绝研究。他疑惑，如此笨重的机器——有的坦克一小时才能移动五英里——怎么可能扭转局势？

稍后他将发现，英国坦克借鉴了美国拖拉机，采用的是履带式踏板。这是战争中最出色的新想法。在遥远的加利福利亚州，霍尔特拖拉机开发公司的本杰明·霍尔特建议军队将牵引器用装甲包裹起来，最终，英国人采纳了这一意见。

随着战争深入，鲁登道夫赢得战争的计划变得更加极端了。他还强迫人们接受他的观点。他改变了德国法律，以便用它惩罚偷懒的人。他让 20 到 50 岁之间的所有男性都参与强制性劳动。他命令所有家庭主妇去森林里采摘植物，制作家里人需要的沙拉。他向家家户户投递鼓舞士气的小册子，述说战争胜利后人们的生活将多么美好。他也威吓在大后方传播失败主义的女人们。也就是说，他认为预见到德国正在输掉战争已然是一项犯罪。

鲁登道夫开始作出要改变世界的多种承诺，他保证胜利会给德国和盟友带来巨大收益。讲座、电影和书籍呼应着这种想象力。“时局是艰难的，但是胜利是必然的。”一条标语这样写着。

鲁登道夫的宣传显示，他企图在西线和东线均取得全面胜利。这位将军希望得到全世界。曾几何时，几位德国将军提出，适度的胜利可以带来持续的和平，并且不会让法国和俄国成为德国永远的敌人。鲁登道夫却要求收获惊人的战利品：

（1）德国吞并比利时；

（2）德国获得从加莱到敦刻尔克的法国海岸；

（3）德国占有英属海峡群岛；

（4）德国获得法国的贝尔福要塞和隆维－布里埃矿田；

（5）德国吞并爱沙尼亚、拉脱维亚和立陶宛；

（6）德国接管法国和比利时位于非洲的殖民地，包括刚果，这块地区的面积比德克萨斯州要大；

（7）奥地利从波兰获得大片领土；

（8）奥地利取得乌克兰全部领土；

（9）奥地利占领埃及；

（10）德国和奥地利获得全额战争赔款。

如西班牙国王所言，“整个世界都不够”。

这些要求令很多人陶醉，减轻了他们在“郁金香之冬”遭受的饥寒之苦。不可思议的是，有些精英竟然比鲁登道夫要求更多。这些人是泛德意志主义者、军队联盟主义者和海军联盟主义者，他们一度认为德国是胜利方，因此也该吞并罗马尼亚和塞尔维亚的大部分领土。在一些特别的日子里，另外的要求还包括占领荷兰、法国和芬兰的部分地区。很快，鲁登道夫也加入讨论攫取马达加斯加、塔希提、青岛和发罗拉。有些地方并不著名，连训练有素的外交官也不知道。比如，发罗拉就是阿尔巴尼亚海岸上一个隐秘的港市。

一些德国精英还梦想占领法国和英帝国在亚洲的殖民地，例如越南和印度。占领印度的疯狂梦想填满了鲁登道夫发热的头脑，终未消除。鲁登道夫的想法是，欧战胜利以后，他就派遣军队接管印度这颗“王冠上的宝石”（本杰明·迪斯雷利语）。这样，德意志帝国将让英国人都无比羡慕。但是，这个想法非常愚蠢。一人之力怎么能风暴般地攫取印度呢？当俄国沙皇保罗一世在 1801 年派哥萨克骑兵攻占印度时，人们认为他发疯了。沙皇送军出征时，骑士们连地图都没有，沙皇只给了他们用来取悦当地人的烟花。他保证，哥萨克将发现“印度所有的富人”，还说，“你们会沉迷于财富”。

当这场闹剧开始，保罗的权臣们找到了杀他的理由。他们也这样做了。但是，20 世纪早期的德国精英并没有 19 世纪落后俄国的精英那么明智。相反，他们被侵略印度的幻梦蛊惑，开始接受这一观念。这些布列斯特的德国贵族希望得到全世界。

每当精英的胃口增加，侵略名单就扩大，因为容克贵族从来不满足，他们总在添加侵略目标。德国人会怎样处理这些土地？他们怎么吸纳新人口？的确，一个理智的国家怎么会拥有这样的野心？伍德罗·威尔逊总统的助手爱德华·豪斯是对的吗？他说德国已经精神错乱，只有一个人头脑清醒。

许多掠夺野心从鲁登道夫开始萌发。他发布的许多公报提高了人们的期待。通过这些公报，他不仅催眠大众，也给自己催眠。鲁登道夫的劝说像邪咒一样对人人都起了作用。结果就带来致幻般的、被扭曲的现实，它危险而带有自杀性质。

扭曲的现实让他和部下无法做出理智的决定。但这并不是造成现实失真的全部原因。多年之前，附加的伤害就已铸就——德国的教育系统经久不息地向人民灌输这一信念：上帝偏爱德意志，永远不会让它失败。德意志帝国总理特奥巴登·冯·贝特曼·霍尔维格哀叹，他不能反对这一立场，说出真相。他警告，如果人民被告知已经取得的胜利根本不够补偿牺牲，他们的反应会失控。地球上没有任何东西能弥补德国在第一次世界大战中的损失。“我什么也做不了，”首相悲叹，“过去的几年里，我们人民的心智如此被自夸的语言毒害，如果我们否定他们的立场，他们可能会感到恐惧。”

这场悲喜剧中最糟糕的当事人是德国皇帝。威尔逊总统助手豪斯上校与德皇讨论了各种事务，他却很难把皇帝的话当真。“他的整体态度就是，一战是一场皇族的体育运动。他告诉（美国大使）吉拉德，他知道德国是正确无误的，因为上帝站在他们一边；而如果他们错了，上帝不会跟他们在一起。正是因为上帝与他们同在，所以他们被赋予赢得战争的能力。”

豪斯疑惑，德皇究竟是故作姿态还是疯了。

因此，德国军队进行了自我催眠，相信自己因为完美而不会失败。超级爱国者们也说服了自己：因为上帝爱德意志民族，它不会失败。当这些团体走向毁灭的时候，他们一致地变得极其自信。

德皇、教育工作者和鲁登道夫放弃了1916年他们本应采纳的和平提案。如果当时接受，德国先进的工业生产力或许能用于建成一个世界性的商业帝国。他们决定追求全面的军事胜利：一个征服世界的、在他们看来是宿命、但实际上无法完成的胜利。

第五章

五大行动

当鲁登道夫感觉在战场上立即取得决定性胜利已毫无希望时，他转向德国外交部试图推进其他策略。他的盟友是志趣相投的现任副国务卿亚瑟·齐默曼。据说，50 岁的齐默曼每天中午都要喝一瓶摩泽尔红酒。单身汉的他身材高大，面色红润，胡子浓密，脸上还有一个决斗留下的疤痕。他是那种鲁登道夫感到同情的进取型德国人。他们都是傲慢的中产阶级出身的局外人。齐默曼和鲁登道夫共同领导了五次令人震惊的新行动，以求在数月之内打赢战争。

第一次行动：袭击印度的英军

鲁登道夫知道大英帝国实力强大，印度的殖民地是它“皇冠上的明珠”。他和齐默曼一道制定了一个通过美国轮船“安妮·拉尔森”把军火从加利福尼亚运到印度的计划，意在掠夺“宝石”，捣毁“王冠”。这艘美国船建造于 1881 年，看起来是一艘根本没有火力的纵帆船。鲁登道夫和齐默曼给遥远的印度叛军送去了 4500 支步枪和 475 万发弹药。

英国王牌间谍发现了这一计划，将它告知了美国。美国人拦截了船只，盛怒之下把谋划者送上了旧金山的法庭。一时间，它成为全世界的新闻头条。

密谋的细节曝光后，军事观察家们惊讶于鲁登道夫的思虑不周。他们认为这艘船根本无法装载如此沉重的货物抵达印度。而且，船员们也不忠心。参与这一阴谋的德国人和印度人并不值得信任。

旧金山的庭审在 1917 年 11 月 12 日开始，一直延续到 1918 年 4 月 24 日。共有 105 人在这期间受审，无赖们互相指控，涉及到 6 种语言。9 个德国人，17 个印度教和锡克教教徒，以及更多的外国海员，全都吼叫着不同的证词。德国领事收到了法院传票，印度各地的几位革命者和至少一位双重间谍也被请到了庭审现场。

审判在最后一天变得复杂。一名被告拔出手枪杀死了另外一名被告，还击伤了一名法警。法警反击，三个人都死了。

当专家们检查安妮 · 拉尔森号上的装备时，他们发现很多子弹生锈了，船体也在漏水。几乎可以肯定，这艘船跨不出半个太平洋，它应该会在夏威夷附近沉没。待到审判结束时，一共发生了两起精神错乱、三起谋杀和一起自杀。

自鲁登道夫动员墨西哥入侵德克萨斯州失败后，他和齐默曼策划了一个新计谋，意图让新生的中华民国向强大的英国开战。一位来自印度的孟加拉阴谋家钱德拉·康德·切拉瓦提医生参与了这两项计划。他会说德语，是一个不学无术之徒。他成天游荡在女人身边，对于勾引德国和印度的女人最富有经验。他吸引这些女人的能力远比他吸引中国和印度爱国人士的能力要强。

如果行动不是发生在二十世纪早期，他可能要做得更糟糕。这一时期，民众被吉卜林等人的观念影响。吉卜林创造了“白人的负担”和“神秘的东方”等语汇。

更糟糕的是，当时流传着许多关于中国的军事神话。有天晚上，德国皇帝脑子发烧，他做了一个古怪的梦：一位实力超凡的佛陀骑着一头龙入侵欧洲。这个梦混合着种族和性别，也充斥着中国人会征服欧洲的概念。最终，欧洲的军事家们似乎惧怕中国人会发动一场野蛮的种族战争，以此决定 20 世纪的全部未来。

1895 年，德皇资助艺术家赫尔曼·奈克法斯创作了一幅绘画，它展示了亚洲力量崛起可能带来的危险。画中，一位奇怪的佛陀被火焰包围，他的眼睛望向欧洲的女人。一个长相跟德国人类似的天使持剑保护女人们，同时声明：“欧洲的人们，保卫你们最珍贵的财产！”

在一片混乱中，神秘的钱德拉·康德·切拉瓦提医生登场了。他成为鲁登道夫在纽约的中间人。鲁登道夫给了他一套密码条约，希望他用它招募众多亚洲人为他们工作。不久，鲁登道夫开始幻想墨西哥人为他而向德克萨斯开战，幻想爱尔兰人为他而与英国人斗争，当然还幻想不同地方的印度人为了给他摘取英国“皇冠上的明珠”而牺牲。

鲁登道夫下令让切拉瓦提搜罗全世界，号召数百万亚洲人在中国、印度、日本、爪哇和苏门答腊起义，摧毁英国王室。可以肯定的是，鲁登道夫并不尊重中国人。他说，“黑种人和中国人不能参与德国的国家生活。”但是，他时不时地认为淡化德国的种族主义是恰当的。当时，德国的种族主义跟美国的情况一样严重。他认为，需要展示是德国拯救了中国，而这需要给予中国胜利、信心以及新生的机会。鲁登道夫希望这位印度医生能说服中国与印度一道瓦解英国在全亚洲的统治基础。

对鲁登道夫而言不幸的是，几乎没有中国精英被他繁琐的计谋吸引。首先，他们知道新生的民国非常脆弱。其次，稍后的德国文档显示，中华民国之父、华人地区最受欢迎的民主人士孙中山先生察觉到这里面有不少腐败分子，他一票否决了这些阴谋诡计。

不久之后的德国文件指出，“孙中山的影响力使我们一直受到排斥。”

这使鲁登道夫的事业蒙羞，但还有更多。《世界的工作》的优秀记者想办法弄到了切拉瓦提环游中国时携带的密码条约，他们在 1918 年 10 月这期第 545 页详细刊登了其中的内容。

切拉瓦提医生由于违背英美法而被罚款，并被判处一个月徒刑。然后，他带着鲁登道夫给他的巨款逃往纽约，开始投资房地产。虽然切拉瓦提个子不高，也不英俊，但他现在可以给自己订制最好的衣服，并承担女朋友们的巨大花销。他没有再收买中国人，而是开始收买名流。以他有限的眼界来看，这在短期内是更能获得的商品，是更容易的投资。

唉，对于德国来说，它在中国和印度的所有动作，安妮·拉尔森号事件，可能爆发的印度起义，它在香港、印尼以及亚洲地区寻求革命同情者的活动……一切都泡汤了。或者就像德克萨斯人所说，他们不过是“一桶冷唾沫”。

鲁登道夫希望在墨西哥、印度和中国挑起革命的努力失败了。

第二次行动：策划爱尔兰反叛

鲁登道夫很快萌发了一个想法：从英国俘虏中挑选出所有的爱尔兰籍士兵，送他们回国参加爱尔兰反英独立斗争。他获得了英国人罗杰·凯斯门特爵士的帮助。这位爵士是著名的自由派，他曾积极协助南美洲和南非的土著民族开展远征运动。凯斯门特不久参观了德国的战俘营，找出了一支他称为“反叛旅”的爱尔兰士兵队伍。

这一计划在理论上是可靠的。鲁登道夫能将数千名爱尔兰籍士兵送回爱尔兰抵抗英王和英国。但这一计划问题多多。凯斯门特在招募战俘时遇到了麻烦。他兴致勃勃地向愿意为爱尔兰自由而战斗的反叛旅宣讲这项事业，但他描述的愿景却非常不清晰。英军俘虏中，有的爱尔兰爱国士兵的确希望独立。另一些人对英国人颇有抱怨。但他们都是正派的爱尔兰人，让他们更目瞪口呆的是德国人的战争暴行。在他们看来，相对于德国人在世界大战中的可怕罪行，英国人在爱尔兰犯下的错误根本不值一提。

此外，战俘营里，德国人给予爱尔兰士兵的待遇跟狗差不多。他们担负着沉重的工作，吃的却很糟糕。如果反抗，还会招来残暴的惩罚。这些爱尔兰小伙子们压根不想为德国做事。

还有，每个穿着英军制服的爱尔兰人都知道，加入“反叛旅”就会被英国法律视为叛国者。他的家人——靠他当兵的收入来养家的人——将被切断生活来源，饱受饥饿的折磨。

当凯斯门特抵达战俘营招募爱尔兰士兵时，他们朝他脸上吐口水。在一个营里，战俘们如此强烈地威胁他，以至于凯斯门特发现自己被困在人堆里，需要德国守卫来帮他脱身。在一个大型战俘营里，他只找到了三名愿意加入的军人。全德国参加这命途多舛的反叛旅的爱尔兰人不过几十个。

凯斯门特在招募士兵时并不能得到鲁登道夫与齐默曼彻底的合作。虽然他们说，加入叛军的士兵可获得自由，正式成为德国的盟友。然而，德国人仍然像对待囚犯一样锁着他们。甚至当鲁登道夫给他们发了新制服以后，这些爱尔兰人仍然像罪犯一样被关在牢里。

更糟糕的是，鲁登道夫拒绝了凯斯门特最重要的请求：派遣德国军队与爱尔兰人一同发动叛乱。爱尔兰反叛者独自回国了。强大的英帝国旋即将炮火对准了这一小撮忠实的独立分子，他们很快被镇压。凯斯门特知道这些人即将赴死，他们将名声扫地，家人也会陷入赤贫。

凯斯门特对于前景非常悲观，以至于即便同意前往爱尔兰启动反叛，他仍在临行前一刻秘密地取消了行程。

不幸的是，在凯斯门特看来，鲁登道夫这一次谋划的行动就像安妮·拉尔森事件一样是一场闹剧。军火没有到位，秘密被泄露，阴谋的具体情节也暴露了。凯斯门特像现实版的唐吉诃德，在没有军队和武器的情况下独行向前。英国人捉住了他，以叛国罪进行审判。没几天，伦敦的报纸报道了这一消息。

英国人巧妙地公布了凯斯门特的部分日记，里面的内容似乎能证明他是一位同性恋。日记还提到了一些男孩如何不情愿地在南美洲和南非的深幽森林里与他媾和。这样，凯斯门特迅速丢失了脸面和人们对他的同情。人们忘记了他曾经因帮助受压迫的少数族裔而声誉卓著，忘记了他是被英王授予爵位的人。他最终以叛国和强奸被定罪。当这位造反者去世时，人们欣喜地认为英国法律处决了一个罪有应得的叛徒和强奸犯。

一些辩护者怀疑英国人伪造了凯斯门特日记里关于性爱的部分，但是没人有证据。多年以后，诺贝尔获奖者、秘鲁作家马里奥·巴尔加斯·略萨于 2012 年出版了一本关于凯斯门特的小说。全书考证详实，共 404 页，他认为英国人并没有伪造日记内容。

鲁登道夫在爱尔兰的反叛行动破产了。

第三次行动：推动墨西哥入侵德克萨斯州

鲁登道夫让爱尔兰人与英国交战的计划的确是无理而荒谬的，但是它比下一场跟墨西哥有关的行动要高明。过度工作、头脑发热的鲁登道夫竟然相信他可以说服墨西哥入侵美国，占领美国东南部地区。尽管脆弱的墨西哥内战频频、国力下滑，鲁登道夫依然希望墨政府能侵入美国，从德州一路掠夺到加州。

他疯狂而迷人的计划是这样写的：

首先，鲁登道夫和齐默曼给墨西哥总统贝努斯提亚诺·卡兰萨发了一封加密电报，建议倘若墨西哥和美国交战，“墨西哥可重夺德克萨斯州、新墨西哥州和亚利桑那州的失地”。德国愿意提供武器和弹药，还愿意援助“任何墨西哥针对美国领土的侵略行动”。

当这封又称“齐默曼电报”的奇怪通信放在卡兰萨办公桌上时，卡兰萨不敢相信自己的眼睛。当时，这位总统正遭遇墨西哥历史上最强大的游击队——萨巴达和维拉——的包围，他眼看就要输掉内战。叛乱者实力非凡，英雄事迹卓著。当忙于应付内战，卡兰萨政府怎么会希望在此时攻击美国呢？

卡兰萨疑惑鲁登道夫凭什么认为他可以袭击德克萨斯州。在墨西哥，德州人被认为是世界上最难缠的外国佬。墨西哥人曾与他们在阿拉莫交战。并且，卡兰萨的助手指出，即便他们同意了这一方案，德国人怎样在英国禁运的局势下将武器输送到墨西哥呢？如果墨西哥真的打赢了战争，它怎样吸收这数百万的新人口，更不用说让他们保持臣服之心？卡兰萨总统评论，“我不知道是我们吞并他们，还是我们自己被吞并”。卡兰萨觉得鲁登道夫许诺了他满足不了的支援，这场战争他根本无法打赢。

更糟糕的是，卡兰萨知道他的政府正在崩塌。腐败蔓延，西班牙大文豪文森特 · 布拉斯科 · 伊巴涅兹称这个国家为“贼穴”。西班牙语里甚至多了一个新动词“卡兰萨化”，意思是“偷”。为了防止革命爆发带来的损失，卡兰萨的妻子将贵重物品转移到了位于圣安东尼奥的一幢安全寓所里。他不可能接受鲁登道夫的图谋。

这场沦为闹剧的计谋很快变成了一场灾难。尽管鲁登道夫和齐默曼将电报加密从而相信它的传递过程是安全可靠的，但他们低估了英国人的情报能力。英国情报人员很快破译了这些信息，然后将它告知了美国总统伍德罗 · 威尔逊。威尔逊大怒。然后，英国人将消息透露给美国的各大新闻编辑，他们也愤怒至极。新闻界的反应像火山爆发一样激烈。《布法罗邮递快报》想象着“一队队由德国军官指挥的墨西哥人横扫德州、新墨西哥和亚利桑那”。《纽约美国人》预计德国人会占领东岸土地、把美国人变成奴隶，并要求巨额赔偿。“市民们，请准备着！”这份报纸敦促，“光阴易逝，时日不多”。

鲁登道夫和他的助手震惊了。他们原以为密电很安全，也相信墨西哥人会接受他们的邀约。

鲁登道夫的最终计划是将美利坚合众国分裂成五个政府。胜利的墨西哥人管理德州和新墨西哥州的一大片地区。南方出现一个由渴望复仇的黑人建立的共和国。中西部大部分地区则被威斯康辛州的德裔美国人成功统治。在最后一刻，鲁登道夫修订了计划，决定将西岸交给日本人统治，东岸则归德国。

美国人沸腾了。西奥多·罗斯福将它称之为“普鲁士入侵方案”和“宣战”。罗斯福是美国最受欢迎的人，让他震怒实在是一个巨大的错误。鲁登道夫的计划将德美关系推向了深渊。

事态进一步恶化。美国人的激烈反应由在华盛顿的德国驻美大使传回国内，鲁登道夫和齐默曼现在确信美国是他们的敌人。于是他们决定以同等方式对待美国。他俩继而发起了直接敌对美国的第四场行动：他们决定让德国海军干扰美国海运，使美国的货物无法抵达英国。这一决定改变了世界史。

第四次行动：通过无限制潜艇战将美国卷入战争

鲁登道夫觉得英国之所以能负隅顽抗，仅仅是因为他们从美国以及其他说英语的国家那里获得了大量物资。在他看来，如果德国潜艇能够击沉所有运送货物的船只，那么德国人立马就能歼灭英国。

鲁登道夫迅速宣布，美国和德国已处于实际的战争状态。因此，德国袭击美国船只、将它们送往大西洋海底深处，对于德国来说没有任何损失。他确信德国潜艇能完成这一任务，在无限制潜艇战中，德军能够一举取胜。

这将是发生在公海领域的一场“歼灭战”。

柏林的海军专家做出了令人安心的预测，他们给出的数字既令人安慰又令人困惑。一些海军专家声称他们每月能击沉30万吨位的敌船，一些人说50万吨位，还有一些人说60万吨位。某些柏林专家说，有了这场升级的海战，英国会在两个月内垮掉，另一些人说六个月，还有人说十二个月。一个真正的思考者一定会不信任这些给出不同大胆预测的助手们。

多年之后，当德国输掉了这场令人发指的战争时，学者们四处搜寻德国海军的档案馆，他们震惊地发现，这些事关将士生死和民族命运的估测数字是多么模糊。没有人问过以下具体的问题：潜艇需要多远的射程才能严重削弱英国船只？当一些潜艇在港口整休的时候，实际可利用的潜艇有多少艘？平均每月多少艘德国潜艇可能被击沉？替换零部件的优质钢材够用吗？技工们修复受损潜艇的速度够快吗？远程潜艇需要在德国潜艇队中占据多大比例？近程潜艇又该占多少比例？这些问题本应该由精英们在赌上民族命运之前提出。

然而，鲁登道夫愉快地宣布潜艇战将摧毁英格兰。他说，“这是在合理时间内锁定胜利的唯一手段”。在全德国，只有瓦尔特·拉特瑙反对这一点。他说：“这个办法不会起作用，并且它一定会引来美国人。”

两个因素促成了这巨大的疯狂行动。首先，鲁登道夫错在选择性的挑选情报——他完全不顾他方意见、只听取支持自己观点的信息。同时，他的手下们报喜不报忧——他们筛掉异见、只报送鲁登道夫愿意听的想法。这是一个互相洗脑的案例。

鲁登道夫欢乐天真地与美国开始了全面潜艇战。他和副手彼此相信美国人并不重要，他们没有庞大的军队，而且也无法迅速打造一支强大军队。就算美国人有这样的军队，他们也无法靠近欧洲，因为德国潜艇会击沉他们的船队。鲁登道夫让所有人放心：他的计划会成功，英国人将崩溃。

但是，英国当时被认为拥有全世界最优秀的海军，当德国人发起无限制潜艇战时，他们猛烈地回击了。当英国皇家海军的任何一艘舰船遭遇袭击时，他们采用的护航系统会立即做出反应。他们还建造了人类已知的杀伤力最强的深水炸弹。这些致命的 D 型深水炸弹重达 300 磅，可以炸沉距离爆炸中心 8 英码范围内的任何潜艇。为了发射这些炸弹，英国人发明了一种机器，它可以像小孩子玩弹弓一样将炸弹弹射出去。

他们还准备了更多的应对措施。英国皇家空军发现，飞行员可以从空中观察到清澈水域里出没的德国潜艇。当飞行员能看见潜艇时，他们就摧毁它。英国人随后在英格兰新建了几所反潜艇研究中心，研发出了用于诱骗敌人的掩饰军舰。这些军舰上的船员们假装成没有配备武器的商人，但是当德国潜艇靠近时，他们就打开甲板的舱口，猛烈轰击。

他们发明了水中听诊器。它使英军能够通过分析推进器的发声频率来判断哪些潜艇是敌人。很快，即使在北大西洋最沉寂的黑夜里，英国人依然能辨认敌军的潜艇。德国潜艇人员开始悲叹英国人将大西洋变成了一片玻璃海洋。

英国人还有更多办法。宣传家们沿着大西洋海岸向德国潜艇修藏坞投放了大量精心设计的小册子。这些宣传册用公开的德国数据证明了：德国潜艇员平均在四次任务之后牺牲。结果，知道了自己命运的德国士兵开始对第五次以及后面的任务感到闷闷不乐。

英国人还发明了200英码长的薄钢帘，上面安装着石灰灯。一旦德国潜艇接触钢帘，石灰灯就发亮指示潜艇的出没。英国皇家海军布置了1000英里的钢帘，它带来了严重后果——大面积的水坟出现了。

英国人甚至训练鸟类帮助他们！英国潜艇指挥官在身后投放鱼儿，海鸟变得习惯在潜艇周围寻找食物。最终这些鸟追随着任何潜艇尖叫、觅食。当一艘德国潜艇驶入英国水域时，嘎嘎的鸟叫旋即预示了它的出没。英国人观察到这一惊一乍就赶来袭击。

英国人采用了一个特别高明的策略让美国人参与反对鲁登道夫。德国潜艇在爱尔兰海岸击沉了蒸汽巨轮“卢斯塔尼亚号”，一百多名美国人和一千多名其他乘客罹难。慕尼黑一位专门制作纪念奖章的德国人卡尔·戈茨设计了一枚奖章歌颂这艘客轮的沉没。在这枚奖章的一面，死神向登船的傻瓜售票。另一面，装满了武器弹药的船正沉入海底。

英国宣传部门的负责人牛顿爵士检查了这枚奖章并发现了一个机会。他请大型百货商店塞尔福里奇按这枚图样仿造了 25 万枚奖章，以一便士的价格出售。每枚奖章附带一张纸，上面写着“这枚风靡德国的奖章是为了永远铭记德国海军的一项光荣成就——故意击沉一艘没有配备武器的客船，造成 1198 名非战斗员男性、女人和小孩的死亡”。

人们不可避免地被这枚奖章透露的野蛮震惊了。所有人都以为这是德国政府官方奖章。英国人并没有指明如此，但他们给大众留下了这样的印象。最终，因为未宣战的潜艇战和奖章事件之类的宣传活动，德国的处境变得越来越糟糕。鲁登道夫不仅没有打败英国，反而由于激怒美国人而帮助了它。美国人的轮船被摧毁，平民被屠杀，数月之后，美国向德国宣战了。

一流的历史学家——比如加拿大阿尔伯塔省卡尔加里大学的霍尔格 · 霍维格教授——确信是这些滑稽的行动让美国加入一战毁灭了德国。霍维格的逻辑很简单：一旦美国和英、法、俄联合，德国不可能赢。德军的敌人如今拥有了令人瞠目结舌的资源。霍维格写到，美国政府计划在 1919 年之前动员四百万人参战。德国怎么能打败这样一支军队？

鲁登道夫开始每天工作 18 个小时，他的情绪也变得不稳定。他一定觉察到，力量对比开始朝着不利于自己的方向转移。1917 年 4 月到 7 月之间，鲁登道夫向德皇施加压力，要求罢免西奥博尔德 · 冯 · 本特曼 · 霍尔韦格总理。这位总理向大家警告激怒美国人的后果。7 月，鲁登道夫和兴登堡威胁，如果不解雇本特曼 · 霍尔韦格，他们就辞职。德皇不出所料地妥协了，虽然他似乎因此而鄙视自己。他悲叹：“现在，我最好也退位了吧。”

鲁登道夫的计谋得逞了——他手中掌握了所有权力，他认为潜艇战在自己的控制之下了。不幸的是，美国人彻底成了他的对手。即使鲁登道夫占领巴黎，法国人也做好了在法国西部继续战斗、等待美国大兵登陆的准备。而且，英国人计划封锁德国直到它发生饥荒，德国当下也确实快接近这个状态了。事态变得严峻。

鲁登道夫开始着手第五次行动。必须肯定的是，这次，他的宏伟计谋改变了世界历史以及全球所有人的命运。极端保守分子鲁登道夫联合弗拉基米尔·列宁在俄国发动了革命。这场革命使俄国终结了前线与德国的战争，德国取得了一半的胜利。

第六章

开往西伯利亚的火车

到 1917 年，鲁登道夫渐渐明白德国的某些判断错误。事实证明，著名的施里芬计划太过天真，它预计的四个月完成作战并不现实。德国不仅没在四个月里占领欧洲，反而陷入多年的两线作战不能自拔。另外，德国将美国人卷入了战争，之前忽视美国军事力量的德国政客们现在感到后背发凉。齐默曼电报和鲁登道夫授权潜艇袭击美国刺激了美国宣战，现在他们计划扩充军队。另外，鲁登道夫动用全国性资源专门保障军队的做法也让平民的牺牲越来越痛苦。

沮丧的鲁登道夫找到了替罪羊。谣言流传称，工会的犹太人阻止了德国取胜。许多故事讲述，犹太人故意远离前线好让非犹太人替他们战死。狂热的战争部长阿道夫·维尔德·冯·霍亨伯恩展开了一项试图证明犹太人是懦夫和逃兵的调查。他称这个调查为“犹太人口普查”。但事与愿违：将军们发现犹太人的死亡率至少和基督徒一样。德国的 55 万犹太人中，超过 10 万人入伍。其中，高达 78% 的犹太军人在前线冒死战斗。大约有 3 千犹太士兵因为表现英勇受到嘉奖，1 万 3 千人献出了生命。

尴尬的军队高层拒绝公开这份报告，他们虚伪地假装这样做是为了“安抚犹太人的情感”。尽管违背事实，他们还是放出谣言称这份报告验证了先前的怀疑。2002 年，堪萨斯大学出版社出版了布莱恩 · 里格的《希特勒的犹太战士》，这本 460 页的著作披露了若干细节。

权力不受制约的鲁登道夫一直抱怨犹太人不忠诚。他接着怀疑共济会员、社会主义者和天主教徒也干了坏事。其他德国人也很担心。两线作战的战斗太容易产生混乱。尽管官方发布了胜利的通告，但德国人民开始怀疑。德国领导人除了希望通过无休止的战争让协约国投降之外，没有其他计划。

很少有人能够料到，俄国即将经历一场天翻地覆的革命，革命的发动者列宁此时正在瑞士。

弗拉基米尔 · 列宁由于反叛沙皇被判入狱而流亡瑞士。这位俄国社会主义民主工党的前任高官转身变成著名的马克思主义理论家，为多家刊物写稿。在这些文稿中，他鼓励暴力起义，呼吁将当前的战争变成一场世界范围内的无产阶级革命。

多年以前，列宁的哥哥曾由于在 1887 年刺杀沙皇被处死。之后，他的上中产阶级家庭成员开始在家乡辛比尔斯克受到排挤。列宁的善良老师费奥多 · 克伦斯基对他关怀备至。他们的城市很有文化，大诗人普希金在这里写下了不少诗篇。很多文化人都觉得列宁的家庭不应该遭到连坐惩罚。但是，也有人对他们态度十分恶劣，最后，列宁一家不堪其扰只好离开此地。

大学时代的列宁研究法律和激进政治学，因为参加反沙皇的示威运动被学校开除了。参加政治运动导致他流亡瑞士，他试图在那儿发起革命运动却没有效果。他在苏黎世的生活很简朴。他的公寓靠近香肠加工厂的一条暗巷，月租 20 多美元。这个地方恶臭熏天，他家的窗户随时都关闭着。

战时，苏黎世是全欧洲所有流亡者和艺术家的家园。苏黎世警方调查革命人士，他们迅速认为列宁不是一个显著威胁。他没有权力。警察更有兴趣监视另外两位名人的活动：爱尔兰的詹姆斯 · 乔伊斯和罗马尼亚的特里斯唐 · 查拉。数年的流亡生活、世界的冷漠、与共产党同志的小争吵，以及衰老的身体都沉重地压在列宁心头。世界舞台上的他还远未成为关键角色。

他试着专注于革命梦想。他每天骑自行车去图书馆，并保持头脑清醒。据报道，为了集中注意力，他放弃了国际象棋、莫扎特音乐会，甚至性生活，这一切却没怎么起作用。列宁没有钱、前途和保护者。他谈到自己和妻子时说：“我必须挣钱，否则我们将挨饿。这真的一点不假。”

然而，1917 年 3 月传来了惊人的好消息。俄国境内爆发了一场革命，沙皇尼古拉二世被推翻了。社会革命党人、列宁老校长的儿子亚历山大 · 克伦斯基上位掌权，他着手建立新式政权，并顽强地让俄国留在世界大战里。列宁心急火燎地希望回国。在俄国，共产党人不知道如何推翻克伦斯基——这一列宁非常了解的人物。如果列宁在，共产党人就能颠覆克伦斯基控制整个国家。

问题是，列宁无法进入俄国。这个国家被封锁了。与俄国交战的德国人不会让他穿越封锁线。即便他通过了德国岗哨，也会遇到与俄国结盟的英国人守在边境、维护秩序，他们一定不会让一个共产主义者通过关口。

列宁不愧是传播火种的革命者，很快，他就和人脉广大的马克思主义者亚历山大·帕尔乌斯取得联系。这位波兰、俄国的密谋者找到了列宁本人。帕尔乌斯的问题非常直接：列宁愿意以革命者的身份去俄国经营吗?

列宁没有犹豫。这是他的重大机会——实际上，也是唯一机会。列宁要求待在一节全封闭的车厢里。也就是说，他要乘坐一节享有治外法权的列车，他希望免于被搜查。这就是全部要求。

从此，谋略变成了旋风行动。列宁让妻子收拾好家当。这非常简单，因为夫妻俩并没有多少东西。他们的行李只装了三个家庭主妇用来洗衣服的篮子。列宁朝篮子里放了一个手柄坏掉的杯子，一点肉和巧克力，几件破衣烂衫，一堆关于革命形势的笔记，以及潦草文字出现在每页纸上的书。

他很快准备妥当。但是出发之前，1917 年 4 月 8 日，列宁给驻瑞士的美国大使馆打了个电话。24 岁的年轻人艾伦·杜勒斯接了电话。列宁询问是否可以与杜勒斯见面，并解释这件事很紧急——他说他有一些敏感的信息请求面谈。然而，杜勒斯拒绝了。那天，他与一位金发女郎有约会。

“明天可以吗？”杜勒斯建议。多年来，他一直在追求这位女士，所以不希望因此而爽约。

“明天太迟了。”列宁说。他说可以晚上把材料送来，但是杜勒斯再次拒绝。杜勒斯不理解这件事有什么要紧，而且，他觉得列宁是一个小人物。

三位艾伦·杜勒斯的传记作者彼特·格罗斯、史蒂芬·金泽和詹姆斯·施罗德研究了这段对话，但他们都没猜到列宁到底想从杜勒斯这个未来的王牌间谍那里获得什么。马克思主义者向他们建议说，或许列宁想要一个退出策略，如果失败就去纽约。连拿破仑三世和托洛茨基这样性格迥异的人都认为，当欧洲事务太棘手时，纽约是一个救命的避难所。

杜勒斯一生都很后悔当初没有跟列宁深谈。他后来因为与卡斯特罗交涉失败、搞砸古巴局势而被肯尼迪解雇。列宁到底想要什么成为了一个谜团。

第二天早晨，列宁和他的革命同志登上了开往西伯利亚的火车。这辆绿皮火车很朴素，只有二等和三等车厢。随行人员唱着《马赛曲》，一帮俄国流亡者嘲笑他们。

托洛茨基的一个朋友跑到站台上大喊着：“列宁疯了！告诉他停止这趟疯狂的旅行！”

列宁选择的旅行同伴是有实力的知识分子。其中有温文尔雅的卡尔·拉狄克，他眼睛放光，戴着一副玳瑁眼镜，讲着好玩的笑话。他是奥地利军队的逃兵，如果德国人愿意，他们可以杀死他。但他仍然无忧无虑。1939 年，斯大林将他处决。

但是当时局势昏暗不明，人们几十年以后才知道谋杀发生在那一年。同行的还有列宁的亲密伙伴列甫·加米涅夫，他是个老派的共产主义者，与托洛茨基的妹妹结了婚。斯大林在1936年也处死了他，然后杀掉了他的儿子和妻子。另一位亲密战友格里戈里·季诺维也夫是激烈派里为数不多的温和革命者。斯大林1936年也处决了他。另外一批忠心的革命者也愿意为共产主义赴汤蹈火。很难想象，几乎所有人最后都为这一事业献出了生命，但他们不是死在资本家手里。

信心满满的列宁透过车窗向外面的支持者喊道："我们要么在三个月内走上绞刑架，要么上台执政！"一个年轻女孩紧紧握住他的手。她知道这一路上的艰险吗？社会主义者唱起了工人的赞歌《国际歌》，激情的歌词这样写："起来，饥寒交迫的奴隶！起来，全世界受苦的人！正义怒吼地谴责，迎来新生的世界！"

现在，自英国人发明火车后，一场最令人惊异的火车旅行开始了。这一路上发生了很多故事，著名作家迈克·皮尔森最后写了整本书讲述这些故事。《密封的火车》一书展示了关于这场远征的对话细节以及它的风险与回报。

当火车蹒跚启程，所有人开始兴奋地聊天、抽烟，预测即将发生的事情。烟味非常浓重，最后列宁不得不要求他们只在厕所吸烟。哎呀，结果厕所外超长的队伍里只有少数人是真正需要方便的。如果一位善于玩笑的哲学家在场，他一定会吃惊，如果列宁不能处理好厕所和烟草这等小事，他如何会有效地管理国家。

列宁望着窗外的德国，观察到了衰退。他很少看到正在劳作的德国成年男子，有的只是些未成年的男孩子和被强制劳动的外国俘虏。路上的一个火车站里，一些明显营养不良的女孩给他们发放食物。列宁慷慨地把自己那份给了她们。在这片闹饥荒的土地上，这些女孩很感激。

火车上的话题很快变得沉闷。列宁试着猜测他们还能活几天。他脑子里的一半想法是，他将领导一场撼动世界的革命。另一半却告诉他，自己随时都可能在抵达革命胜地的那一刻死掉。

火车在柏林的波茨坦车站停了一个晚上。街道昏暗。列宁看见站台上的民兵鬼鬼祟祟地盯着他和革命同伴。这些可怜的人询问这群旅客战争什么时候结束。列宁身边的人反问："你们士兵希望发动自己的革命吗？"

这些人没有回答。很可能是因为从来没有人询问过他们的意见，他们不习惯被当成有价值的人对待。

就在这个晚上，列宁得到了四千万金马克（大约一亿美元）的资助。这对列宁这位贫困的革命者来说简直是魔术。一度破产的他突然成了比百万富翁还要有钱百倍的人，回俄国建立新秩序的资金一步到位了。

列宁的态度立即改变了。从前，他向同志们承认俄国多么落后，所以它必须经过多阶段的发展才能成为一个革命国家。有了这笔资金后，列宁宣称能通过一暴风骤雨般的起义立刻让俄国转型。他要从现在开始改变历史。

封闭车厢离开柏林，将列宁和他的同伴送往芬兰边界，他们打算从那里进入俄国。但是，他们知道在那里可能遇到难题。英国人把守在各个边境检查站。在那个检查站，英国情报人员哈罗德·格鲁纳认识列宁并知道他十分危险。格鲁纳认为俄国当局可能希望禁止列宁入境。

克伦斯基一句简单的命令就可能让他们像拦截炮弹一样阻挡这辆火车。但是这位36岁的总理宣称俄国是一个民主国家，民主国家不驱逐它的人民。因此，他下令允许列宁入境，格鲁纳执行了这一命令。

随着火车远离边境，从湖泊、森林和花岗岩组成的迷宫中渐渐驶向圣彼得堡，列宁和代表团变得有活力起来。他望着窗外，陷入了沉思。

1917年4月16日晚11点10分，代号为293的列车晚点半小时抵达圣彼得堡的芬兰车站。列宁向外张望，以为自己会看见一群带着绳索的暴徒，然而他只看见了很多亲切的面孔，他们手里的玫瑰花束在探照灯的迷雾中闪闪发光。

圣彼得堡的2000多名共产党员组织了欢迎仪式。很多共产党士兵和水手来到车站，工人们举着横幅和火炬。一支乐队演奏着军乐。凯旋门上贴满了红色横幅。庆典司仪尼古拉·奇赫伊泽也在现场，他是一位激进的格鲁吉亚贵族。

这群人将列宁扛过肩头，抬着他出了火车站。“我们是未来有价值的主人。”列宁悄声说。欢迎委员会由奇赫伊泽负责，委员们紧张地将列宁送到沙皇的会客室。奇赫伊泽发表了一番正式演讲，邀请列宁合作建设一个更强大的俄国。

“列宁同志，”他说，“我们以苏维埃和整个革命的名义欢迎您回到俄国……但我们认为民主革命的首要任务是保卫革命果实免受任何国内外的袭击。我们需要工会，需要取消民主内部的等级制度。我们希望您能加入这一事业。我们的目标是保卫革命。我们请求您与我们一道追求这些目标。”

欢迎委员会告诉他，现在他们拥有了世界上最自由的议会：这是唯一一个女人可以参与选举的议会；犹太人也第一次有了同等的权利；在这里，忠诚的反对派是受到鼓励的。这一声明多少有些夸大其词——新西兰人民早在1883年就赋予女性选举权，美国人一直都给予犹太人平等权利，英国不仅拥有忠实反对派，这个词甚至就是他们发明的。尽管如此，这些声明是诚挚的。考虑到俄国的历史，它的进步不可否认。

列宁懒懒地拨弄着送给他的鲜花，当轮到他发言时，他的腔调变得不同。“亲爱的同志们，战士们，水手们和工人们！”他开始讲话。“我很高兴见到你们，你们代表着俄国革命的胜利！你们是全世界无产阶级军队的先锋！这场掠夺性的帝国主义战争开启了横扫欧洲的内战。欧洲人民将很快拿起武器，对抗那些曾滥用他们的阴谋者。新革命的太阳正在升起……有一天，欧洲的制度会崩溃……你们的革命为此铺了路，打开了一个新纪元。新革命万岁！”

现场的一些人感到了害怕。这位成为革命者的老派绅士身体颤抖了，他感到强烈的攻击要来临了。

自信满满的列宁轻快地走到外面，与爱戴他的共产党军队交谈起来。

灯光笼罩着他，镶着金色字母的横幅在灯光下闪烁，不断有人隔空喊着他的名字，乐队一边演奏，人们一边把列宁举上一辆装甲车顶好让他演讲。他跺脚让大家安静，然后以先知的激情宣布，他不会将权力交给资产阶级，而只会给工人们。他嘲讽民主共和国，因为是他们掀起了这场狂热的世界大战。列宁宣称共产主义的承诺远比杀戮要好。他说共产主义誓将带来一个消灭欧洲君主专制和俄国的新政权的新世界，建立一个更完善的系统。

列宁等人无法接受君主专制和俄国的新政权，因为它们全是阻碍建立新国家的反革命。“我们需要歼灭所有反革命分子”，他说。列宁梦想将他的革命思想从俄国出口到波兰，然后到法国、英国，甚至传播到令人难以置信的印度。他预见共产主义起义的风暴会横扫全球。他感觉自己来到了历史的决定性时刻，而且深深地希望领导部队取得绝对胜利。战士们感受到了他的力量，他们朝空中扔帽子表示喜悦。

这个脆弱的男人似乎有生以来第一次变得神圣。

人们说他在银白色的灯光中看起来像从天而降的幽灵。他站在那里握紧拳头，大衣扣子解开着，朝无产阶级革命者挥手致意。“他一生都在等待这一刻，”列宁的传记作家罗伯特·佩恩写到。

只有一位观察家马上理解了列宁的到来会带来什么结果。英国驻俄大使乔治·布坎南爵士迅速给伦敦拍了一封电报，他说，一股不同于以往任何力量的新势力在俄国出现了。他警告，列宁不仅仅致力于让革命在俄国生根。他还致力于“推翻世界上一切所谓的帝国主义政府”。

列宁感觉到了权力和它的威力，这使他兴奋。人们将他送上一辆全副武装的车，车子驶向一座宫殿。那里曾经住着沙皇的情妇、芭蕾舞演员玛蒂尔德·克舍辛斯卡。很明显，权力开始转移。

列宁很快就收到了从斯德哥尔摩银行转入西伯利亚银行的大笔现金。他用这几千万建立根据地。接着，列宁每天印刷 30 万份《真理报》免费发放。哈佛大学毕业的共产党积极分子杰克·里德和两位美国助手一起帮助策划内容，辛辣的卡尔·拉狄克参与语言润色。他们用完美的德语及其他语言发表了布尔什维克文章和俄国新闻，力图使昔日的敌人归顺。

反对列宁的游行抗议也出现了。

与此同时，克伦斯基的临时政府准备继续参战。克伦斯基是老派的绅士。他知道俄国按照条约履行参战义务关系到这个国家的荣誉。他也觉得俄国不能退出纷争。因为那样的话，德国在西线就可能增加一百万军队，获得等候已久的胜利。这胜利一旦发生，就没有任何事情能阻止鲁登道夫重返俄国，提出他希望的任何和平条件。

克伦斯基觉得继续战斗是更次要的恶。所以 1917 年 7 月，克伦斯基发动了俄国的最后一次进攻。他当时没办法知道，这场攻势带来的压力最终毁掉了自己的政府。

这场攻势在1917年7月1日打响。俄人采用了从英国和日本进口的新型大炮，它由俄国历史上最优秀的将军阿列克谢·布鲁西洛夫指挥。筋疲力竭的俄国士兵向前推进了20英里。然后，进攻停止了。

列宁把最强悍的情报员送进了俄国部队。共产党员渗透了军队的每一层。历史学家约翰·威勒·班尼特说："布尔什维克出现在了每个团里，他们工作的成功是不言而喻的。一个兵团又一个兵团叛乱了，士兵杀了长官，前线瘫痪了。"

由于克伦斯基废除了死刑，布鲁西洛夫受到束缚，他并不能完全控制军队。兵变不断。士兵们开枪杀了长官就回家了。剩下的人宣布，将军们从此必须在士兵投票之后才能发布命令。这种做法经常没效率——当数好投票后，局势已经改变，刚刚签署的命令变得毫无用处。

有些部门仍在运转。全世界都被"死亡营"的威猛震惊了。这是一群由妇女组成的军队，其领导人是玛利亚·波切卡列娃，外国人称她为"俄国的圣女贞德"。她的部队是克伦斯基最忠诚的战士。但是她们人数不多，最后也没有逃过被屠杀的命运。

俄国军队一边遭受鲁登道夫的炮火袭击，一边面临列宁的猛烈宣传，它终于崩溃了。7月16日，俄军停止了前进。7月19日，德军反击取得了突破。7月23日，俄国军队被消灭了。鲁登道夫的部队肆意挺进，获得了42000名俘虏。他们的挺进速度只受到物资供应的制约。鲁登道夫犹豫，他是否应该马上夺下圣彼得堡或者莫斯科。他成了能自主行事的人。

很快，克伦斯基和他的部长们只拥有冬宫几平方米的办公空间。他们变得孤立和无关紧要。几乎所有的男性战士死亡或者失踪。克伦斯基只剩下137名女战士，她们是在艰苦条件下顽强抗战的著名死亡营的余部。最终，她们也被蹂躏、强奸，然后被杀害了。克伦斯基设法逃离了冬宫和莫斯科。他最终逃到美国，成了大学教师。与此同时，掌权的列宁让俄国脱离了战争。

第七章

与俄国的谈判

尽管鲁登道夫与列宁一个是革命者，一个是保守派，但在1918年的时候，他们还有很多相似点。两人都走向了自己职业生涯的高峰。两人都认为自己快取得人们想象范围内的最大成就。很少有背景低微的人能上升到他们这样的高度。

列宁是第一个共产主义国家的领导人，他相信这一事迹会鼓励各国工人推翻摇摇欲坠的政权，加入社会主义革命阵营。他的梦想还包括派遣红军去华沙，再去柏林。从那里，他会将军队送往波斯、中东以及印度——正如鲁登道夫梦想过的，他们要夺取英国王室珍视的殖民地。列宁觉得，他的革命能够在那些地方赢得战役。他预见自己将横扫全球。1920年，列宁确实派苏联红军去华沙开始这项光荣的征讨。哈佛大学历史学家理查德·派普斯写到，列宁希望占领波兰，用它作为征服欧洲的跳板。但令人吃惊的是，列宁的部队被一支武装力量“维斯瓦河上的奇迹”打得七零八落。这一遭遇使俄军受到重挫，他们不光彩地被赶回了莫斯科。

鲁登道夫拥有类似的崇高梦想。他希望领导伟大的德军赢得历史上最伟大战争中的关键战役。他想象自己马上就要在歼灭战中取胜，让德国成为全球霸主。作为军队总指挥，鲁登道夫视自己为几个世纪以来甚至超越拿破仑的、最成功的将领。

时日不多，列宁和鲁登道夫都感到一种紧迫感。鲁登道夫必须尽快与列宁达成和平协议，然后将部队调往西线与协约国作战，因为美国人已经在援助的路上了。德国的资源在迅速减少，敌人的数量却在增长。每一个抵达欧洲的美国士兵都在削弱鲁登道夫在数量上的优势——这种优势随时都可能消逝。

同时，列宁也处在关键时刻。1917 年 10 月，红军推翻了支持战争的俄国临时政府。之后，列宁让俄国从战争中撤退。之前，他针对俄国士兵开展的逃兵役回家的宣传非常成功。士兵们相信了他关于自由和土地的宣传，于是都打算回家享受权利。那么，他就会缺少军队。他要怎样才能安抚和控制农村呢?

两人都听见了时钟的滴答声。正是在这段时间里，德国、奥匈帝国、保加利亚和土耳其等轴心国成员最终与俄国布尔什维克政府签署了结束战争的条约。1917 年 12 月 22 日，众国代表在被烧焦的布列斯特－立托夫斯克小镇集会，这座小镇位于铁路交汇处，现在属于白俄罗斯。它是一个被蹂躏和践踏的城市，主要建筑就是一座农民们传说闹鬼的城堡。1917 年 12 月 22 日到 1918 年 5 月 15 日，德俄战士在这里各自为国家存亡献出了生命。鲁登道夫亲自抵达该地，疯狂地整理文件，与代表们商议，他为了争夺权力而不顾一切。列宁缺席了，但代表他议和的是足智多谋的托洛茨基，有些人称他是“摩西之后最聪明的犹太人”。

会议一开始并不平静——对于一个和平磋商来说，它确实像一场战争。有些观察家称它为暴力的和平。另外的人称它是结束一切和平的和平进程。牛津大学的约翰·威勒·班尼特爵士一生致力于研究德国外交，他称此次会议是“被遗忘的和平”。这次峰会非常交错复杂，以至于很多受过良好教育的人都对其一无所知。人们只知道德国和俄国之间进行了一场疯狂的交锋。

但是，人们非常清楚双方在幕后的所作所为。列宁试图摧毁鲁登道夫的军队。他利用资助者的钱每天印刷50万份《火炬》。这份先驱性的报纸用德语、匈牙利语、罗马尼亚语、波兰语、意第绪语、土耳其语、克罗地亚语、捷克语、保加利亚语同时印刷。哈佛毕业的美国革命者、文思敏捷的杰克·里德完成了报纸的大部分写作。来自纽约布法罗的神秘的社会主义者鲍里斯·莱恩斯坦给他帮忙，并掌管列宁的革命国际宣传局。另外，美国革命者阿尔伯特·莱斯·威廉姆斯也提供了帮助。他是列宁的朋友，也是一位经验丰富、终生赞扬俄国共产主义的记者。奥地利活力四射的革命者、列宁政府的新闻出版局局长卡尔·拉狄克在梳理意识形态方面做了贡献。在他们的指导下，俄国最好的印刷机开始生产无尽的报纸。每月印刷的一百多万份报纸上都标有文字“免费赠送给我们的德国兄弟”。

里德心中充满希望。在革命中，他是一名战士，动员德国人停战、建立工人政权的宣传材料都由他撰写。一年之后，他看到了糟糕的事。在去巴库执行公务的火车上，他看见许多人接待不少迷茫的少女。她们性感的裘皮大衣里什么都没穿。她们由拉皮条的人陪同，专门上车为其提供性服务。无耻的强奸发生在这些刚度过青春期的少女身上，里德简直不敢相信自己的眼睛。他很快将追从的事业看作另一种残忍和失败，之前他错误理解了它，并错误地将它呈现给了全世界。他的心破碎了，这位可怜的追梦人此后不久在莫斯科的一家二流医院去世。他的肾脏破裂，临死前，嘴里反复念叨着四个字："落入陷阱"。

但是，他当时仍然相信这一斗争，相信它的领导人和目标。为了推进这些目标，里德和拉狄克操持了一场令人目眩的运动。他们利用一列火车和一队卡车去前线一些特殊的城镇发放报纸，尤其面向聚集在布列斯特指挥部附近的德国战士。如里德和拉狄克所料，德国守卫收缴了这些报纸。但是，正如里德在 1919 年 1 月的《解放者》期刊里写的："夜里，真正的分发工作才开始。秘密聚会在偏僻的地方持续进行着，成捆的宣传册被送至德国士兵手中。在另一些地方，俄国士兵将一捆捆报纸埋在约好的地点，德国士兵会自己挖开。"

里德确保这些宣传册能让最没有文化的士兵也明白其中的内容。一张照片中，一位工人扯下了宫殿顶上的帝国鹰，里德这样解释：

"推翻独裁政体很容易。独裁除了盲从的士兵，没有其他的依靠。”

“俄国士兵一睁开他们的眼睛，独裁政体就消失了。”

“那些修造宫殿的人民才应该住在里面！”

“历史上第一次，你能看见为修筑宫殿付出血汗的工人们把宫殿当成家一样享受！”

里德和拉狄克把能说德语的宣传员送到敌军战线与心怀不满的德国士兵交流，晚上给他们作报告。煽动家们向他们讲述革命的细节信息、苏维埃政权的公告以及保护工人权利与家庭的宣言。他们有几次说服疲惫的德国士兵认同了共产主义事业的正当性。一个令人吃惊的情形是当谈判还在布列斯特进行时，沮丧的德国当局不得不消灭自己一个营的武装力量，因为这个营队过于同情列宁。然而，镇压并没有起到正面作用。如里德所说：“毒素蔓延了。”

列宁针对德国士兵的工作起到了关键作用。“布尔什维克对大批德国士兵所做的宣传影响巨大，”一位美国军事观察家说道，“（德国）部队实际上在我眼前逐渐消失了”。

宣传给德军造成了巨大损失。对俄战线上的德国司令部总参谋长马克斯·霍夫曼少将直白地告诉《芝加哥每日新闻》——这家报纸在1919年3月13日发表了他的声明：“在我们征服了布尔什维克之后，我们也被他们征服了。我们在东线的胜利之师被布尔什维克主义腐蚀了。”

但是，这一成功并没有促进列宁的宏图伟业。他梦想的世界革命并没有发生。是的，战争伤害了许多国家的工人阶级。

是的，工人们有正当理由希望绞死那些让无数人牺牲的绅士阶层。但是，工人们并不想处决任何人。他们只想回家。几千名法国士兵发起了多次静坐和罢工，尤其是在巴黎圣拉扎尔火车站。他们拒绝进攻，但仍然保持忠诚。即便自己的连队已经损失了 80% 的士兵，他们也不当逃兵。最优秀的英军士兵无论受到怎样的摧残，也只是抱怨一下。他们的厌恶程度有限。法国人和英国人会逃兵役吗？列宁吃惊地发现他们缺乏阶级意识。他们非常爱护战友和政府，因此从不反叛，哪怕这种不满可能在战后持续多年。

同时，鲁登道夫在布列斯特会议上表示希望获得大量的俄国土地和金钱，以补偿德国在战争年月饱受的创伤。他和代表们要求占领大片格鲁吉亚、乌克兰、波兰和俄国在波罗的海附近的土地。他们提出了超过 100 万平方英里的领土要求，这意味着五千万人的家园都要归属德国。

他们提出的战利品令人难以置信。鲁登道夫等人打算掌控 33% 的俄国铁路，获取 73% 的俄国钢铁，89% 的俄国煤炭，以及 5000 个俄国工厂，外加赔偿 60 亿德国马克。

为了显示德国实力，威慑俄国代表团，鲁登道夫带来了他最出色的战士、著名飞行员、又称“红男爵”的曼弗雷德 · 冯 · 里希特霍芬。会议上，鲁登道夫像展示种马一样带着他到处晃悠。他希望炫耀这位曾经击落 80 名协约国飞行员的伟大战士。他甚至让红男爵参与全体大会以达到威吓俄国人的目的。但是，有人注意到这位神武的英雄表情严峻吗？战争压在他的心头。“死神在我的脖子旁呼吸着，”他悲叹，“终有一天它会追上我。”

里希特霍芬知道协约国的飞机性能更好，它的超压缩发动机能提供更强大的动力。它们飞得更高、更快、更久，而且真的非常灵巧。红男爵参观过德国的飞机生产线，他知道它进步缓慢，无法与敌人相比。协约国飞行员也表现得越来越好。新西兰飞行员基思·派克几乎不可战胜。这位在下一次世界大战中管理伦敦空防的老飞行员是令人敬畏的敌手。

德国几乎不可能打败拥有更好飞机、人数不断递增的敌军飞行员。令人钦佩的是，里希特霍芬依然参与战斗。他拒绝了柏林的轻松工作，声称自己会和战友们坚持到底。但是终点很快就临近了。他和朋友们每天都出去战斗，回来的人数总比出发时的少。他对前景不再抱有任何幻想。这场战争并不是鲁登道夫宣传机器里叫嚣的复兴祖国。相反，它给人带来无止尽的折磨。里希特霍芬对自己的杀人无数并不感到骄傲。他不能理解为什么人们认为他杀了 80 个陌生人就很了不起。

然而，鲁登道夫对他创造的记录引以为傲。他坚持认为这展现了德国战士能够创造奇迹。鲁登道夫还认为，布列斯特的德国外交官正是由于这些奇迹才得以使厌战的俄国人做出巨大妥协，以回报德国士兵的英勇牺牲。鲁登道夫的心态在和会上表露得很明显，“如果德国达成和平时没有得到任何利益，它就输掉了战争”。

不断生长的贪婪刺激了德国代表团，也延长了商谈时间。

他们加班加点拟定了一张望不到尽头的欲望清单。

一种奇特的机制开始起作用。正如康奈尔大学教授伊莎贝尔·赫尔指出，鲁登道夫并不全面掌控局势，但他迎合了精英的思维。他映射出精英的需要，而这种需要也反射出他自己的样子。他们共同对猛烈发酵的未来事态提出了要求。因为这一点，鲁登道夫、兴登堡和其他德国高层军官从未就最终战利品清单达成一致。精英们的欲望每周都在增加，实在远远地超出了德国能够吸纳的能力。

德国是怎样走到这一步的呢？贪婪起了作用，但同样发挥作用的，是它在任何地方都要强大的愿望。早在 1915 年，这对搭档里更年长的成员兴登堡对扩张德意志帝国并不感兴趣。他只希望赢得战争、回家。但是现在，兴登堡被强势的鲁登道夫说服了，他也开始支持扩张的请求。

如果德皇解雇这两人，他很有可能拯救德国，给世界带来合理的和平。1763 年，当腓特烈大帝面临数次侵略、与众多邻国交战时，他理解自己的国家处于崩溃边缘，于是就签订了几个和平协定。他第一个与俄国和瑞典签署协定，然后与法国讲和。在这些和平协定中，他没有提出吞并领土和赔偿的要求。他的国家因此免遭毁灭。他本人中肯地说明了这一点："现在应当考虑保存实力……通过谈判，从贪婪的敌人那里守住我的任何一片领土。"

但是德皇想要荣耀，而且渐渐地陶醉在想象里——从和谈会议中获得收益的想象。他慢慢开始幻想，如果鲁登道夫能让俄国在东线作出巨大退让，然后派遣大部队前往西线，如果他得到增援的部队能迅速战胜协约国，那么，德国就可能成为世界霸主。德皇在多个场合谈到战争结束后要骑着白马参加巴黎街上的胜利游行。

因此，在满目疮痍的布列斯特火车站，如果鲁登道夫制定了一个合理的长期战略，他本可能拥有最辉煌的时光。可相反，觉察到俄国很脆弱的鲁登道夫忘记了自己也是多么脆弱，他变本加厉地贪婪起来。更糟糕的是，他的贪婪具有传染力。盟友奥地利、匈牙利、保加利亚和土耳其代表团很快也沉醉在权力欲望里——尽管它们已被战争榨干，本应该只梦想和平而非吞并。现在，除了鲁登道夫和兴登堡狮子大开口之外，轴心国的贵族开始提出一些惊人的要求，他们最终要求最少占领 16 块领土。

这一名单让人震惊：

乌拉赫公爵威廉 · 卡尔希望成为立陶宛国王，他也是第一个获得这一战利品的人。唉，他的统治时间大约只有 67 天，从 1918 年 10 月 9 日到 12 月 14 日。他的小王国没有获得援助，他只好打包走人了。

黑森的弗里德里希 · 卡尔王子希望夺得芬兰的王权。他的王朝曾派遣过愚蠢的黑森人参与镇压美国革命。芬兰并没有国王，但这没能阻止他的决心。

德皇希望从立陶宛手里夺走库尔兰这片古老的土地，成为库尔兰公爵。他还想得到爱沙尼亚和利沃尼亚。他也想让一位德国王子统治波兰，如同治理自治邦国一样。

奥地利君主查尔斯一世希望他的子孙成为乌克兰国王。符腾堡的威廉国王看中了锡格马林根地区，或许因为这儿秀丽的城堡是它失去光泽的王冠上的唯一宝石。德累斯顿的人们想要获得上阿尔萨斯地区。

鲁登道夫看好克里米亚境内德国人聚居的省份，他希望这些德国人能得到一位德国王子的保护。这位王子可以假装这个新国家是一块自治区域，但他实际上会把它送给德国。

所有的轴心国成员都想染指巴库的油田，它是欧洲最丰富的油田。洛克菲勒家族也希望获得这块油田，但那是另外一个故事了。

鲁登道夫不经意间说出，他要用这些领土“在下一场战争中”调控军队。但那是什么战争呢？有时，鲁登道夫说他期待与现在的盟友奥匈帝国进行一场终极对决。有时，他表示计划控制梵蒂冈和所有基督教会。他时而暗示，想关闭教堂让人们重新供奉托尔、弗丽嘉等德国古典神祇。有时，他似乎希望统治所有说德语的人，而让教会服从命令。但是，他的梦想时常在变，没人知道他长远想要什么。也许他自己也不知道。

罗马尼亚和乌克兰的局势动荡，德国人觉得他们也应该将保护扩展到那里。意识到俄国面临威胁的列宁鼓励各地人们奋起反抗。约翰 · 威勒 · 班尼特教授指出，列宁采用了多种密谋和手段来巩固自己的权力结构。鲁登道夫不久派遣远征军去反击列宁的行动。列宁的图谋带来了麻烦。威勒 · 班尼特清楚地写道："鲁登道夫调遣了一支远征军前往芬兰镇压布尔什维克起义；另一支远征队深入到巴库；第三支占领了克里米亚的港口。一支占领军在罗马尼亚驻扎下来。贵族们筹备着建立库尔兰、立陶宛、利沃尼亚和爱沙尼亚的大公爵政府。而且，德皇开始接到合并克里米亚德国殖民地的请求书。

这些远征行动需要庞大的工作。1918 年 1 月 27 日，就在布列斯特和会召开不久，芬兰爆发了内战。鲁登道夫不得不调遣 13000 名精锐部队去北部白色军团的盟友那儿执行想象出来的任务。同时，苏维埃政府将红军派遣到了南部。接着，用弥尔顿的诗句来说，"一切天翻地覆"。

布列斯特和约于 1918 年 3 月 3 日签订。1918 年 4 月 18 日，德军在赫尔辛基战役中俘虏了 8000 名红军。同月，一支德国海军中队被派去轰炸芬兰海岸。尽管这些事件在鲁登道夫听起来像是成功，但它们实际上是失败的，因为其中花费的时间和人力成本鲁登道夫根本负担不起。他需要在西线取胜，而且是即刻的胜利。如果他和部下少一些贪婪，如果他们在布列斯特达成了更容易维护的和平协定，他们的处境可能远没有那么艰难。

局势如它呈现出的样子，变得愈发糟糕。德国人不得不去巴库保护油井的安全。然后，他们需要保护克里米亚的港口。更多的部队必须用以维护德国在罗马尼亚的特权。为了维持德军在伟大城市基辅的形象，他们需要三个完整的师。

德国人降低愿望的时机来临了，然而德皇和鲁登道夫都不愿意这样做。的确，德国精英的贪婪与日俱增。德皇不久透露说，他的梦想是瓜分英国、法国和比利时在非洲的产业，将它们归属到自己的王权之下。精英们现在四处传播“德国中非洲”这一名词。他们希望获得一块横跨东西非洲的土地，以展示德国雄厚的武装力量。没有德国人解释过非洲殖民地的意义是什么。大多数殖民地的运营成本比收益更巨大。而非洲中心地带尤其毫无价值。这些土地上有一些物产，但是人们需要付出巨大的努力才能提取。即便如此，德皇和鲁登道夫依然想得到这块土地。他们希望德国的强大被看见。他们想要声誉。所以，他们一边横跨欧洲和中非洲去开扩疆土，一边想象要打造出一个让世界震撼的帝国。

当德皇还年轻的时候，他给亲戚维多利亚女王写过一封伤心的信，请求她赠予他一座位于非洲的山，仅仅因为他在那里没有任何山峰的所有权。这是多么奇怪和不合逻辑。其他几个国王也差不多。半疯的比利时国王利奥波德二世想要攫取整个刚果，它比德克萨斯州的全部领土还要大，而且他希望登记这片土地为自己的私有财产。恺撒大帝希望将埃及归入罗马帝国时曾有过类似的幻想。另一个狂热的君主，亚历山大大帝知道自己没有更多的领土可以征服后，甚至流泪。要给这样的人著书立说——无论是以鲁登道夫还是利奥波德的名义——是一种挑战。他们想要的很多领土对于国家来说并不需要。

事情变得更糟糕。不久，柏林的谋士谈论着将克里米亚转变成德国的里维拉。一些人认为还可以占领从克里米亚到波斯、阿富汗的领土，然后再到印度——关于印度的金色想象一直出现在他们的世界里。

德国人经常声称，他们所到之处都会理所当然地保护侨民利益。美国最会讲俏皮话的幽默大师威尔·罗杰斯揶揄德国人，修建保护区听起来就像中国把军舰开到密西西比河，只是为了保护在临河城镇开洗衣店的中国人。他们奔赴那里可不仅仅为了支援洗衣店。他们是因为自身利益才出现在那里。

当阴谋家们图谋战后未来世界的时候，战争并没有结束。在西线，德国人仍然在与大英帝国、法国及比利时人交战。而且，一群不知道确数的美国人马上就要如期而至。

写美国人的优秀德国作家中有一位激情洋溢的作者叫卡尔·梅。他创作的美国西部故事里，一个尚武的家伙沙特汉德总能打败新英格兰地区来的殖民者，哪怕对方跟他十对一。他的书在德国卖了数百万册。甚至连年轻的希特勒也读他的书。令人吃惊的是，梅从未到过美国。但他一个德国人打得过十个美国人的故事依然广受欢迎，德国人就爱听这个。尽管这些书是垃圾，但它们让很多人信服，德国会在任何一场冲突中打败美国人。

鲁登道夫自信的随从更使他相信，只要迅速将东线部队调往西线，德军就立刻在人数上大占优势。可是，被困在俄国的100万德军根本走不开。列宁一开始就觉察到这一点。“这个强盗式和平协定的结果，”列宁告诉他的内阁，“是德国必须在东线保留更多而非更少的部队”。更糟糕的是，德军已经到达消耗殆尽的边缘了。所有东线的士兵都想回家。他们很快又听到谣言说，自己要被调派到西线打完最后一战。东线的普通士兵已经创造了太多奇迹，他们对荣耀之幻梦根本不再感兴趣。当记者询问他们如何看待那些计划、那些没有尽头的恐怖和没有胜利的欢呼时，士兵们回答，他们不想为了占领地图上根本找不到的地方而战死。

如果鲁登道夫了解自己的部队已筋疲力竭、幻想破灭，他或许会与俄国达成一项更简单的和平协定。然后再将百万大军移师西线，在那里取得局部胜利。他或许真能迎来最后一战，而不是传说中的歼灭战。他可能发动一场决定性的战役，然后称它为“勇敢者的和平”——一场不会伤害任何人的、大度的和平。这也许会涉及到更广泛的调整，但并不会更危险。在这样的和平里，波兰、比利时、俄国和法国的领土及财物不会被盗取，不会有赔款要求。这样的和平可能会持续很久，新的世界大战可能再也不会发生。

如果鲁登道夫没有超负荷工作、情绪不稳，他可能会考虑这一提议。但是他已经赶鸭子上架了。在这第一次世界大战的收官之年，鲁登道夫的幕僚们感到他快走到崩溃边缘，他们的会议异常安静。有些人觉得他们听到了他抽泣的声音。当他开始全身颤抖和摇摆时，人们觉得他可能一倒下就永远也起不来了。让他们尤其担忧的是，鲁登道夫支配着兴登堡，这两人又支配着整个政府。如果鲁登道夫崩溃的话，整个国家都会和他一起崩塌。

他们请来了心理医生霍克海默分析鲁登道夫的健康情况。医生说，将军的生活被焦虑和压力填满。没有任何能给他带来高兴和欢笑的事情。医生说，“他经历着完全彻底的孤独”。

霍克海默说鲁登道夫必须慢下来，放慢吃饭的速度，开始深呼吸、唱歌、在林间散步，听一听溪流的飞溅声。他应该读诗赏花。

一段时间里，鲁登道夫遵循了医生的嘱咐。他吃饭细嚼慢咽，及时地休息放松，甚至还哼起歌来。他的健康有了好转，霍克海默帮助他避免了精神崩溃。

但是恢复健康的鲁登道夫很快回到以前的工作方式，并且开始制定新的危险计划。他着手计划最后一战——传说中的“歼灭战”。他并不知道士兵们每况愈下，却依然向他们施加压力，要求取得最大限度的胜利。

可是，德国的不利情形越来越严峻。英国人发现了坦克的威力，他们打算让它更快更猛。他们掌握了有效使用坦克的方法。坦克如今不再是辅助步兵的工具，而是独立的军事力量。英国军官将坦克成群结队地送往前线，它们行进在步兵团之前，在德军阵营里见缝插针，营造了令敌人恐慌的气氛。

德国空军也面临了双重问题。每天早晨，飞行员带着死亡预期从梦中醒来。鲁登道夫的长子在家书中承认了这一点。空军中队的飞行员平均活命时间是五个星期。他们的处境跟德国潜艇队员越来越相似。潜艇兵平均执行四项海上任务后牺牲。

难以置信的是，在 1918 年的紧要关头，列宁和鲁登道夫都认为他们能派一支军队占领印度。

为了实施这些谋略，鲁登道夫认为自己需要更多权力，于是，他挑战德皇的权威。他等待着最佳时机。当德皇采纳了一位低级将领关于波兰的建议后，鲁登道夫指责德皇无权绕过他做决定。他愤怒地离开会议室，像一个被宠坏的孩子夺门而去。鲁登道夫接着写了一封抗议备忘录，指明由于德皇的不信任，他要辞职。德皇惧怕失去英雄们独自战斗，于是让步。直到战争快结束，德皇也没再敢质疑他。

在布列斯特，德国人竭尽所能让列宁接受他们的条件。他们的愿望是腾出被困在俄国的百万部队，移师西线取得突破。然而，这个梦想有很多问题。德国军人在这场毕生最重要的战役中失去了方向。每当鲁登道夫被问到目标时，他都回答，他要在敌军防线凿一个洞，剩下的事情水到渠成。这就是他每一次被提问时给出的答案。

但是，如果德国反击协约国造成 10 万人伤亡，如果美国下月就带着 10 万人增援，那么会发生什么呢？美国如今确实每月增兵 10 万。如果德国不能替换自己的伤员而协约国却可以，它会怎样取胜？

更糟糕的是，如果鲁登道夫的军队不能撕裂敌军阵线，他有怎样的备用计划？鲁登道夫不能解释失败——他的攻势必须成功。1918 年的局势跟 1914 年的很相似。两个时间里，德国都制定了一个只能成功的危险计划。一旦计划失败，他们没有备选方案。

但是，与1914年的非实质性方案一样，德国1918年的计划根本无法成功。根据让·德·布洛赫的观点，鲁登道夫需要达到敌军人数的八倍才能取得突破。即使他将留在俄国的全部士兵调回，德军人数最多只能超过协约国三倍。这一切还是以鲁登道夫能够立即从东线撤军为前提。不仅如此，他每天都收到增援请求。新帝国需要更多的部队来平定安抚。为了强化想象中的统治权，德国部队陆续开赴波兰、芬兰、罗马尼亚、乌克兰、立陶宛、利沃尼亚、爱沙尼亚、巴库、敖德萨以及地图上其他被强占的城市。鲁登道夫的和平形势严峻，引发了若干问题。他不仅没有解放部队，还需要更多士兵。

虽然签有和平协定，但列宁和他的新政府动摇了鲁登道夫帝国的核心。他派煽动家去策反身在俄国的德国部队。骨子里充满了疲惫的德国士兵聆听着他的警示歌："我们给予你们和平、土地和自由。放下你们的武器。不要成为错误牺牲的最后一人。回到爱你们的家人身边。"

无论鲁登道夫如何尝试，他也不能从东线撤出足够多的军人。布列斯特和约必须执行。而他希望转移到西线的德国军队自身也有问题。他们经常腐蚀忠诚的战士。一位德国军官说："我们已经不敢把某些东线师部转移到西线。"

由于西线迫切需要增援，尽管有所保留，一部分士兵向西线出发了。这些人经常捣乱，他们从火车上向外开枪，甚至向窗外扔手榴弹。有的爬上车厢顶，剪断了火车站的电线。有时，他们分离车厢，往发动机里倒沙子。另外的士兵逃向森林，靠打猎维持几星期的生活。据他们说，狩猎比杀人更有荣誉感。当局隐瞒这些事件。然而公众不仅听说了一切，还能够亲眼看见火车上的颠覆性标语：“德皇享用屠宰好的黄牛，德军只有死人肉！”一条凄楚的标语写着：“你为什么要这样对我们？”另一条说：“我们是你的孩子！”

杰克·里德和卡尔·拉狄克的宣传起到了明显作用。它非常有效，以至于当德国士兵从俄国前线返回奥地利与德国时，最极端的那部分人被关进了政治隔离营。在那里，军官们对他们进行再教育，用各种承诺、爱国文学和好吃的食物感化他们。然而这一切太有限，也太迟了。这些人只想回家。

没有人彻底分析过里德－拉狄克的宣传影响。一部分原因是拉狄克被斯大林杀害，他成了苏维埃国土上微不足道的人。人们不能研究他，或者称赞他。同时，里德变得反共，他最终死在莫斯科的一家二流医院里。他去世时，只有来自俄勒冈的爱人路易斯·布莱恩特陪伴他。在苏联，他的声望马上消失了。显然，苏联人很早就消除了里德和拉狄克的影响——一个通过忽视，另一个通过杀戮。结果在苏联，没有人敢讲述两位梦想家曾经如何冲击、削弱德军。一切不可避免地被遗忘了。

但真实的故事是，里德和拉狄克的工作让鲁登道夫不可能随心所欲地从俄国调回部队。里德撰写的“苏维埃俄国如何征服德意志帝国”等火热文章总结了他们的冒险。里德骄傲地讲述了他们如何通过纯粹的和平主义瓦解德军士气。

并且，和平主义不断壮大。反战网络迅速地扩张。他们掩护逃兵，还可能偷偷带走他们。和平主义团体帮助士兵们获得通关书、护照、口粮卡、地图和逃往荷兰的指南。这些文书伪造得十分成功，士兵带着它们通过了各个检查站。

荷兰人热情地欢迎这些逃兵。如果一位寻求避难的人在荷兰高速公路上意外地遇见警察，警察会跟他们友好地握手。“非常高兴在这里见到你，”他们会说，“我们荷兰人渴望和平，这儿欢迎你。”

鲁登道夫对荷兰给逃兵提供避难场所感到非常愤怒，但这就是荷兰人的传统。宗教改革时期，他们庇护了数以万计的英国人。他们收留了笛卡尔。现在，他们向来自德国的 2 万名和平追求者提供保护。这一数字每天都在增长。

不是所有的德国部队都在避战。一些人仍然战斗着。但是，即便连他们也不敢相信，转移到西线前自己连探亲的机会也没有。几乎没有人充满激情。他们以往给步枪装饰鲜花、高唱进行曲的日子一去不复返了。

相反，人们经常会听到有人小声议论，德国应该接受协约国给出的和平条款，哪怕它条件苛刻。大街小巷流传着社会民主党人奥古斯特 · 贝倍尔 1911 年警告德军的著名宣言，“宁愿要一个恐怖的结局，也不要没有尽头的恐惧”。

恐惧的氛围在增加。新闻里说，美国军队很快要登陆了。因为感到时机越来越有利，布列斯特的俄国代表团开始敌视轴心国的任何领土要求。奥地利代表团团长奥托 · 冯 · 切宁伯爵在与共产党代表阿尔道夫 · 越飞交谈时很看不起上述态度。他说，如果俄国人坚持所有人都拥有自决权的话，和平将不可能达成。如果俄国人坚持己见，那么，代表们最好散伙回家。

但他完全在虚张声势。切宁的好战言论没有吓退越飞，他自信地回应说："我非常希望我们能够在你的国家举起革命大旗。"

著名的西伯利亚代表阿纳斯塔西娅·比岑科给巴伐利亚的利奥波德王子讲了一个真实故事。内容是她怎样在 1905 年杀掉一位俄国总督。她当时把手枪放在一封情愿书下。在递交文件的时候，她开了枪，总督的肠子都被射穿了。她因为此案被判终身监禁，但是西伯利亚的共产党员劫狱解救了她。这位灰色头发的冷静杀手是俄国代表团的明星。在布列斯特－立托夫斯克，日渐软弱的德国精英在她面前不再那么趾高气扬。她优雅地喝着香槟酒，晚上则演奏舒伯特的音乐。她展示了自己与他们一样的聪明。但是内心里，她其实十分乐意杀死他们。

会上还有一位灰胡子农民罗曼·斯特拉什科。他如何当上代表的事迹值得一提：俄国人在去和会的路上意识到，他们与敌军首脑谈判时缺乏一位农民阶层的代表。这可不行。无产阶级运动中没有无产阶级人士，简直就像一辆马车没有马。他们明显需要一位平民。所以，他们开始寻找。

他们在路边发现了一位穿着农民衣服的老人，他背着大背包，步履沉重。他的胡子浓密，脸晒得跟砖块一样黑。他看起来像是历经沧桑的人。

"您是革命者吗？"他们问他。

“是的，”他回答。这位老伯感觉这才是他们想要的答案。“我要去莫斯科。”他心有防备地说。

“那么请推迟去莫斯科的计划，跟我们走吧！”他们告诉他，“为了祖国的独立，跟我们去和德国人谈判吧！”

这位农民并不情愿。尤其当他称呼一位俄国代表为“主人”的时候，一切看起来有点古怪。

“您能喝到足够多的酒。”他们恳求道。

听到这句话，他改变了主意，高兴地跟他们走了。

在谈判中，他一言不发。只有在参加国宴的时候，这位老农才凭借他的诚恳逗笑了优雅的德国侍者。

“您需要白葡萄酒还是红葡萄酒？”侍者问。

“哪种酒更烈？”斯特拉什科问道。

“红酒。”侍者回答。

“那么，请您给我倒红酒。”他回答。

然后，他高兴地喝醉了。对他而言，酒比鲁登道夫的疆土和赔偿要求更有趣。他胡子拉碴地大吃大喝，一边感谢德国侍者的慷慨，一边困惑于手边不同样式的叉子。最终，他判定所有的叉子都不过是把食物从盘子里喂进嘴里。他微笑着告诉贵族代表们，他从前从未享受过这么多免费的酒，以及这么美好的时光。

轴心国贵族发现这位农民远比其他的共产党代表更令人愉快。其他人都是来复仇，而非喝酒。他们觉得他远比高级马克思主义革命家、暴躁的列夫·托洛茨基更和蔼，后者只会想方设法地使他们发怒。

俄国之外，重大的事件正在发生。各种碎片消息都在暗示，西线的英法军队因为美国人的前进而重获新生。战争的最后一年，当一个法国男孩收到征兵通知书时，他仿佛看见天上同时飘扬着美国和法国的旗帜。每一位法国军官都保证说："在美国兵到来之前，我们不会下令让你们进攻敌人。"

德军的日子屈指可数。它或许能取得一两次胜利，但就像古希腊国王皮洛士抵抗罗马的胜利一样，凯旋的代价太惨重，成功几乎等于失败。俄国人认为鲁登道夫和皮洛士类似。他们都是成功的战士，但是都面临崩溃。在这种情况下，他们不需要谈判。需要做的一切就是拖延，直到鲁登道夫的军队自己毁灭。

于是，他们这样做了。真实的故事是，俄国革命者靠激怒这些杀害俄国同胞的贵族获得了巨大的享受。俄国代表团里，没有人比托洛茨基更喜爱折磨这些贵族。这位苏俄外交部长欢乐地嘲笑他们。他觉得德国精英并不能调兵到东线、重新开战，因此他并不需要给予他们一支军事力量应有的尊重。

这很危险，因为托洛茨基自己并没有一支可靠的部队。他事实上没有任何军队。他检查过俄国的战壕，震惊地发现那里空无人烟。他试图催眠自己，德国人也类似地没有军队可用。他想象着，如果鲁登道夫命令德国士兵返回战斗，他们就会掀起逃兵狂潮。

这是一个巨大的错误。托洛茨基错误估计了鲁登道夫的实力和影响力。正是这些实力才让鲁登道夫凌驾于皇帝之上，成为德国的独裁者。托洛茨基也不知道，鲁登道夫正卯足全力想让俄国满足他的全部要求。

所以，当托洛茨基收到德国人给出的条件时，他像高傲的君主一样拒绝了。他坚定地宣称，“德国和奥匈帝国政府提出的和平条款与所有民族的利益存在基本冲突”。代表团很震惊。他说，俄国无论如何也不能接受这些条件。1918 年 2 月 10 日，他发表了著名宣言：“没有战争就没有和平！”然后夺门而出。他确信德国人不可能征集部队再投入战斗。

德国人惊呆了。鲁登道夫非常信赖的战略家马克斯 · 霍夫曼惊讶地表示这种态度是“闻所未闻的”。从来没有战败方在一场和平会议中摔门而去。

托洛茨基走后，霍夫曼询问德国应该怎样与俄国交涉。托洛茨基没有回答。他肯定德军会拒绝战斗，和会将解散，代表们要回家，战争会结束。

然而，1918 年 2 月 17 日，鲁登道夫看穿了列宁的心思，他将疲劳的部队再次送往东线，进入乌克兰、白俄罗斯和波罗的海沿岸国家。拉脱维亚的首都里加几天之内就陷落了，德国军队继续挺进。

列宁意识到，如果没有一纸和平条约，他的政府可能会垮掉。和平协定，哪怕是“强盗和平”，都会给年轻的共产党政府留出更多时间在俄国巩固政权。因此，他坚持让内阁同意了德国人提出的条件。如果不那样，列宁的俄国就要消失了。

德国人狡猾地加码了。和会经过 4 天的紧张延迟后，德国人开始再次谈判，但提升了要价——租借拉脱维亚、爱沙尼亚、乌克兰和芬兰——截止日期是两天以后。

列宁详读了这些条件，然后告诉吓坏了的部长们，可以签字。如果他们拒绝，他就辞职，那么现任政府也就溃散了。他向他们咆哮着，与他们变着方式争吵。

说服他们只花了几小时。但是列宁一遍又一遍地解释。执行这一强盗和平需要大量的军队。即便人员到位，德军内部也会出现关键的消极抵抗。这些协议根本不可能被执行。它并不像看起来的那么可怕。出于以上原因，他坚持俄国必须签署同意。

最终，列宁迫使部长们服从了这个决定。内阁签署了这一文件。少部分人弃权，但没有人投反对票。托洛茨基消失了几天，对于新损失他感到绝望，因为这完全是他的错误造成的。

1918 年 3 月 3 日，鲁登道夫谈定了和约。他为此牺牲了一整代优秀的年轻人。然而这项和约会带来什么呢？被征服的土地缓慢地消耗着他们的财富。鲁登道夫收获了几火车粮食。如果要得到更多的回报，他必须调遣上万军队去控制这些新领土。

同时，消极抵抗如火如荼地进行着。敖德萨的一座飞机制造厂被人纵火。弹药库发生意外爆炸。游击队杀掉了边远地带的德国士兵。农民起义频发。

一些德国军队慢慢地被转移到西线。但人数不多，士兵们疲乏又哀怨。他们已经参加过太多次战斗，行走得太远，服役太久。他们曾经被许诺休战回家。因此当被直接拉到西线时，他们觉得被背叛。很多人径自回家了。

鲁登道夫勒索俄国的苛刻条款被协约国得知，人们震惊了。从那一刻开始，西线的政客们不再讨论和平妥协。牛津历史学家约翰·威勒·班尼特写道："布列斯特－立托夫斯克和平协定……向世界清晰地展示了，（如果输掉战争）被德国征服的民族能够从它那里获得怎样的怜悯。其影响是，协约国纷纷勒紧了腰带，下定决心要摧毁制定这项和约的政权。"世界领导人现在看清了鲁登道夫这个自大狂，他们将他治下的德国看作罗马人口中的"全人类的敌人"。

他们或许是正确的。德国正在成为全世界的敌人。这是一个将邻国和国内人民都变成奴隶的国家。它随意向船只发射鱼雷，在战场上散播毒气。它还在非洲和欧洲从事跟种族灭绝类似的事情。

德国人甚至在第一次世界大战之前就开始在纳米比亚——位于非洲西南角的德国殖民地——练习行之有效的灭绝人类的技巧。当赫雷罗人民抗议德国人没收了他们的牛羊和土地时，总督亨利希·戈林实施了武力镇压。1904 到 1907 年，戈林发动了长达三年的灭绝行动。他将赫雷罗战士和家人赶到沙漠里，并声称给井里投了毒。这个民族的人口因此从 8 万人下降到 1 万 5 千人。幸存的赫雷罗人称这一行动为"首次种族灭绝"。戈林的儿子赫尔曼后来成为了希特勒的右手，他维持了屠杀这一家族传统。最后，他在纽伦堡因屠杀犹太人被处以死刑。

在 1917 年到 1918 年的这段时间里，人们开始询问德国到底发生了什么。这个受教育程度很高的国家怎么突然变得如此野蛮？曾经胆敢解雇强人俾斯麦的德皇怎么在实力稍逊的鲁登道夫面前变得如此退缩？德国是如何养成了这种贪婪？德国怎样通过精英、宣传机构、教育系统以及军事等级制度等让国家陷入了精神错乱一般的集体疯狂？

在遥远的俄勒冈州尤金市，《尤金卫报》于 1918 年 3 月 9 日刊登了一篇社论。这篇题为《当国家疯了》的文章就这些未被讨论的话题提供了真知灼见。

"国家能够变得疯狂吗？"编辑写道。"每每我们尝试为德国人民的行为寻找合理解释时，结果都是一致的，它不容置疑的是一次共同的离经叛道。他们思考问题的方式不能用任何可以接受的逻辑形式来解释。他们得出的结论并不根据他们设置的前提来发展……他们不像普通人一样思考或行动。虽然人们很难相信 5 千万人可以同时变得疯狂，但是除此以外，任何理论都不能得到充分的证明。"

相似的，加州伯克利大学的历史学家杰拉德·费尔德曼博士出版了十本关于德国的著作，他视这一时代为"真实现实的完全崩溃"。一些历史学家认为，世界大战中的德国表现出了一种集体疯狂，它从 1914 年鲁登道夫开始，到 1945 年跟鲁登道夫性格类似的希特勒自杀时结束。

鲁登道夫并非独自完成一切。他只是非常迎合时代精神，并从未作任何抵抗。他受到德国皇帝和精英们的赞赏，现实中几乎没有人反对过他。在第三帝国，唯一公开指责强盗和平的德国政客是雨果·哈斯，但是他的意见被忽略了。当抱怨持续时，他被谋杀了。

全国上下都明白，在布列斯特挑战鲁登道夫的做法是不明智的。而且，所有的政治家都排着队支持他。他们跟鲁登道夫一样，觉得德国人已经饱受磨难，理应收获许多战利品。这会让他们的牺牲变得有意义。

布列斯特－立托夫斯克和约确保了协约国获得美国增援。不久，一位爱国音乐家乔治·科汉创作了一首让德国人脊柱发凉的歌曲。它称欧洲是“在那里”的一片土地，这首歌变成了受训美国战士的颂歌：

在那里，在那里，
请在那里传递消息：
美国人正在赶来，美国人正在赶来，
鼓点四处响起，
祈祷者说，他们准备得多么充分，
请传递消息，传递消息，要知道——
我们将终结战争，我们马上就来，
直到战争在那里完结，我们不会回家。

为赢得战争，鲁登道夫现在除了要打败英国、加拿大、澳大利亚、南非、罗德西亚、新西兰、印度、法国和比利时，还要全面迎战来自世界第一经济大国美国的部队。德意志帝国的物资已经逐步萎缩，它的军队日渐削弱。然而它现在面对的敌国总人口是 10 亿。鲁登道夫和德国已经站在了全世界的对立面。由于鲁登道夫 1916 年不和谈的决定和 1918 年的疯狂勒索，局势已经明朗了：德国要么打赢 10 亿人，要么崩溃。

第八章

西线攻势

既然签订了和约，鲁登道夫就开始计划从东线俄国转移部队到欧洲西部。1918 年春天，他在西线策划了一系列攻袭，这成为自 1914 年以来一战最深远的进展。这些袭击被称为“鲁登道夫攻势”。

袭击的规模史无前例。鲁登道夫计划用 6000 枚炮弹、3000 辆迫击炮打击敌军。最优秀的暴风突击队则纵深进入敌军领土。这些人会绕过前线防御甚佳的要塞，在后面制造破坏。他们使用德国人发明的火焰喷射器和最高级的新式毒气。他们让大炮走在部队最前方。当先头部队筋疲力尽时就地躺下来，让其他士兵越过自己向前爬，继续制造威慑。一切动作必须趁敌人反应不过来时迅速完成。

这个计划并非原创。它抄袭了 1916 年俄国将军阿列克谢 · 布鲁西洛夫发动的进攻。然而，它非常可靠，保证能取得可观效果。唯一的区别是，布鲁西洛夫在 1916 年不需要对付坦克这一可能让他失败的武器。虽然协约国后来在战场上广泛使用坦克，鲁登道夫也不怎么看好这项新奇的发明物。他以为，这笨重的庞然大物随时可能被炮弹摧毁。因此，坦克一无是处。他把它们看成很快就会被世界遗忘的小玩意。他不知道英国最新式的坦克更小巧、快速、坚固，而且便于操作。它们不久就让他吃惊地感受到痛苦。

最后，鲁登道夫没有吸收驻美大使伯恩斯托夫提供的信息。这位大使告诉所有听众美国人很难对付，他们的储备“用之不竭”。鲁登道夫的确发现美国人的到来给自己的宣传部门增添了麻烦。他命令他们停工一段时间。整休中的德国士兵惊奇地发现，后方人民根本不知道美国人在西线作战，也不知道他们每月至少新增加 10 万人，或者更多。

现在，既然军队从东线腾出了手，鲁登道夫觉得新攻势一定能达到他要的突破。这样的突破也会让他们自动地赢得战争。这完全是两个独立的假设。如果德国有丘吉尔或者罗斯福这样的政治家，他们可能问鲁登道夫：你想要摧毁法国军队，还是英国军队？你想要占领巴黎吗？或者，你想将英国人赶到海里去？

鲁登道夫在不同的时间里似乎对这些选择都有兴趣。有时，一种选择似乎成为主流，但很快，另一种好像更重要。哪种才可行呢？最后一种，把人数更少的英国军队赶进海里具有可能性吗？

当巴黎防御充足时，德军可能占领它吗？即使鲁登道夫做到了，法军就不能撤退到波尔多等待美国人到来吗？规模更小的英军是唯一可行的打击目标吗?

德国平民不敢提出这些问题。士兵将国家存亡维系在这个沧桑老人的预感上。在很多人看来，他已经不太理智，甚至有点精神失常了。

但是人们必须肯定鲁登道夫的大胆。鲁登道夫和手下准备发起第一次世界大战里最壮丽的进攻。他们的猛攻细致入微、史无前例。尤其精巧的是关于暴风突击队的部署。他们是军队里最优秀的士兵，他们的训练包括避开所有强大火力点、在炮兵的掩护下小队前进。他们出现在德军主力部队之前，须要按照自己的判断瞄准任何战略要点。

德国人还带来了一件让人害怕的新武器：巴黎炮。这枚重达 256 吨的巨型火炮射程有 75 英里，它可以向空中发射高 25 英里的弧度。这枚大炮需要 80 人才能移动、上膛和发射。每颗炮弹需要花三分钟才能接近目标。它的使用方法很复杂，制造费用高昂，而且不精准。你只能用它射击像巴黎这样的整座城。即便那样，也没人能预计弹头会落在哪里。这门大炮专门用于播种恐怖。只有残暴的人才会对这样有杀伤力的玩具感兴趣。多年之后，希特勒命人制造了类似的大炮。鲁登道夫在巴黎使用了这样的大炮；希特勒针对的目标是华沙。

更好的选项其实是用人、金属手工打造的三百辆坦克，英国人就这样做了。英国的小型坦克移动敏捷，它带来的恐怖味道似乎比鲁登道夫的巨炮更有效果。

当鲁登道夫的手下准备攻袭时，他们心里布满了担忧。年轻的军官们察看了计划，它里面除了一种为胜利而突破的模糊渴望之外，根本没有目标。军官们很担心。德军指挥官、巴伐利亚王储鲁普雷希特震惊地指出，“这些袭击背后没有重要的可操作目标”。

鲁登道夫的第一场战役“米夏埃尔行动”，开局不错。在这场“鲁登道夫攻势”里最精明的袭击中，他向英法军队联结的薄弱点发起了猛攻。这里，他本可以瞄准脆弱的英军。英军队伍里多数是强制被征兵的未成年男孩。由于精明的首相大卫·劳合·乔治希望将士兵分成小队，以减轻鲁莽将军们造成的性命损失，这支英国部队看起来很弱小。

鲁登道夫的暴风突击队于 1918 年 3 月 10 日向英法联结处发起了进攻。协约国军队不断撤退，而且兵力分散了。很长一段时间里，西线出现了一个漏洞，它长达 40 英里，任何传说中的突破都有可能从这里发生。

包括牛津大学威勒·班尼特在内的一些专家相信，如果这里的德国军队配备了他们占领基辅时的三个师，那么鲁登道夫可能会打赢这一战。然而，其他人觉得，任何没有具体目标的军事行动都注定失败。鲁登道夫的系列战役从战争第一年到最后一年却都是如此。

对鲁登道夫而言，不幸的是，英国人拒绝撤离。他们像被击退的拳击手一样，重新站稳脚步之后便又开始反击。同样的英国军队封锁了通往港口的道路，牢牢占领着亚眠火车枢纽站。不知怎的，这支力量不足、过于年轻的英国军队立即革新了自己，表现出令人震撼的勇气。他们像毁灭天使一样回到战场。

鲁登道夫试图临时改变策略。4 月 11 日，他在距离港口 15 英里的位置发起了第二场“乔其纱攻势”。驻守此处的英国将军道格拉斯 · 海格曾被认为是个蠢人，但他如今表现得像个久经沙场的战士。他并不惊慌，还写了一封至今被人铭记的激情公报：“除了战斗到底之外，我们别无选择。每一个岗哨都必须坚守到最后。我们家园的安全和人类的自由需要所有人在关键时刻坚持到底。”

战士们用怒吼和轰鸣响应了他的号召。德国人的进攻使他们在某一处凸起膨胀，这确实令人畏惧。但是，动人的机会到了。英国人发现他们可以同时从三面夹攻孤军深入的德军。于是，他们猛烈地集中反击。冲在前面的德国人被杀光，幸存者则摇晃地撤退，满身是血。成千上万的人牺牲了。

因此，德国人将英国军队赶进海里的想法就这样终结了。

在这些众多的死亡中，人们没有注意到一位特别的人去世了。1914 年刺杀奥地利大公、引起第一次世界大战的学生加夫里若 · 普林西普于 1918 年 4 月 28 日在塞尔维亚的监狱里去世。他死前饱受疾病的困扰，我们只能猜测是什么要了他的命。他染上了肺结核；一只感染细菌的胳膊被截肢了；他全身是流脓的水泡；在监狱里的生活也甚是悲惨——跳蚤都无法在那里存活。

他知道上百万人死于他发动的这场战争，他的同胞也在流血牺牲。事实上，塞尔维亚的战争死亡率是所有卷入战争的国家里最高的。这个消息可能让一个普通的男孩抑郁，但是普林西普觉得，他是为了人民的利益才发动战争的，以上代价并不过分。他相信，这场可怕的战争或多或少会让人们快乐。他从不承认自己发动了欧洲战争史上自古以来最糟糕的战争。他从未想象过塞尔维亚民族会变得更抑郁。在这里，只剩下无数孤儿寡妇、被炸毁的路桥，以及看起来像月球表面一样的战场。

他不感到有罪。唯一的遗憾是杀死大公时也牵连了大公夫人。他并不想引起不必要的死亡。他并不觉得自己造成了各国几百万人不必要的牺牲。

德军在鲁登道夫攻势中的死亡人数很快就与协约国的损失持平了。敌我双方的屠杀规模都非常巨大。德国军官并未提及“胜利”一词，因为它似乎显得下流。

现在，鲁登道夫开始四处发动进攻。这一次是针对法国人，但他似乎又一次丧失了目标。他想摧毁法军吗？包围他们？占领巴黎？还是只需要积累伤亡人数？

法国人像英雄一样战斗。他们保卫家园，还将自己的军队称作“神圣联盟”。甚至连不信任法国资产阶级政府的法国共产党和鄙视共和国的保皇党人都加入了迅猛的战斗。著名珠宝商卡地亚非常感恩战斗中的坦克指挥官保卫巴黎，他亲自设计了坦克手表作为感谢，这款手表至今都光荣地被出售。这些战斗英雄粉碎了鲁登道夫的进攻，他们高呼圣女贞德的名言：“捉住他们！”

鲁登道夫分散着自己的努力，多年来他一直漫无目的地指挥部队东奔西跑。巴伐利亚王储鲁普雷希特比多数人更了解德国士兵多么筋疲力竭、精神溃散。因此，他们的战斗效果并不理想。他写道：“我们现在已经输掉了战争。”

1918 年 6 月 9 日，鲁登道夫启动了格奈森瑙行动，但是它完全不起作用。来自法国殖民地军队的勇猛军官查理 · 曼金实施了一场毁灭性的反攻。人称“屠夫”的曼金将军在制造敌方伤员这方面可以说是既细腻又残忍。他精巧地布置了 150 辆坦克行进到德国人根本想不到的战略点。德国人被杀光了。

德军没有坦克。他们曾经的计划里有坦克，但是那一年，他们只生产了 20 辆坦克，而且都是用一击就碎的低级钢材制造。客轮泰坦尼克号用的就是这种不结实的钢铁，它最后撞上冰山沉没了。这一事件已广为人知。更糟糕的是，这 20 辆坦克行进速度很慢，经常成为攻击目标。总之，德国的坦克数量少、速度慢、而且容易被击毁。他们就像移动的棺材，没有人把它们当回事。

与此同时，协约国的坦克带来了恐慌。当他们靠近德国士兵的时候，几乎连精悍的暴风突击队员都撒手而逃。

鲁登道夫利用巴黎炮威吓平民的企图没有得逞。这门斥巨资制造的大炮发射了 370 枚炮弹，杀死了 256 位法国平民。潜伏在树上的德国狙击手可能都比它更有杀伤力。这些毫无价值的恐怖行为只刺激了法国人取得最终胜利。他们认为这一天很快就要来临。

当精瘦饥饿的德国士兵到达协约国军用仓库时，他们紧紧地盯着敌人的军需物资。眼前的画面让他们震惊：丰盛的肉、红酒和烈酒；绷带、麻醉剂、药品；货车、轮胎、石油；电影院、图书馆和食堂。一切都是他们这些年严重缺乏的物资。德国官方文档显示，每当德军来到一座协约国仓库，纪律涣散的问题就反复出现。鲁登道夫的宣传曾使军人们相信英国人正在忍饥挨饿，美国物资无法运抵欧洲。他说谎了。

德国士兵被激怒了。政府这么多年来都在撒谎。如今他们怎么能够尊重那些告诉他们德国潜艇可以逼退英国人的军官呢?

士兵们变成了暴徒，还洗劫商店。大街上到处是烂醉如泥的德国军人，人人提着酒瓶，啃着肉，唱着歌，做着回家的梦。中尉鲁道夫 · 班丁记录下他的震惊：“我开始看到奇特的情景。一点也不像军人的、奇怪的人……根本看不出他们要前进。”当他看见德国军人像傻傻的男学生一样玩耍时，他觉得很惊异。一些人戴着有帽帘的高帽子；一些人在胳膊底下夹着鸡；另一些人在街上赶牛，摇摇晃晃地闲逛，醉醺醺地从他身边走过。他走进一条小巷，看见红酒流了满地，巷子里碰见的一位德国军官承认：“如果不拿枪顶着，我根本没办法把士兵们弄出酒窖。”一些士兵说，这是他们这么多年来头一次感觉到快乐。

保守的德国军官震怒于士兵的不顺从。但是一位温和的军官评论道：“挨饿的士兵在商店里狼吞虎咽，这有什么吃惊的呢？这可怜的人喝了一点酒又有什么触目惊心呢？”

仓库里英国威士忌和啤酒带来的酗酒问题变得司空见惯。

一个匿名的玩笑家嘲笑说，战争可能彻底失败，“不是因为士兵缺少德国战斗精神，而是太具有英国酗酒精神”。

德军的进攻很真实，但缺乏确定性。以前，德国空军会扫射敌军以保护士兵。事实上，英文“扫射”一词也是从这次大战才开始广泛被使用。它来源于德语中表示“惩罚”的一个词，比如它会出现在短语“上帝惩罚英国”里。战争早期，威猛的德国空军频繁地扫射敌人。但这支辉煌的部队基本上已经死了。标志性事件是“红男爵”于 1918 年 4 月 21 日牺牲，取代他的是小丑赫尔曼 · 戈林。

同样具有象征意义的是，著名的红男爵死亡时，他对这场战争的幻想也破灭了。虽然击落了 80 名敌军飞行员，但是他并未从中看到任何意义。总有更多的飞行员要被杀，但这种屠杀能够得到什么呢？它只不过帮助其他德国人在根本没人想涉足的、撕裂的领土上前进了几小步。

一些人——尤其是美国人——坚持将红男爵视为一位浪漫主义者。多年之后，这个形象被查尔斯 · 舒尔茨放大。他创作的《花生漫画》里，小狗史努比追赶红男爵。但这都是想象。红男爵不过是 1918 年熄火的一台杀人机器。他甚至没有死在直接战斗中。一枚可能是加拿大人发射的榴弹击中了他。像大多数士兵一样，他不能起死回生。

在物资供给不足、马匹缺乏营养的情况下，德国步兵通过最后一次战役仍然取得了一些进展。但是，鲁登道夫运送弹药和食物时遇到了困难。因为德国缺乏橡胶，他的军用卡车采用了钢轮，这些轮子不可避免地损坏路基，扬起泥土和灰尘。德军的运输线开始折断。

一开始，精英部队战绩非凡。但是当有经验的先头部队被斩杀而又得不到替换人手时，德国人的努力放松了，然后停止了。

在新攻势里，德军跨过了越来越多被战争蹂躏的土地。当来到以前的战场时，他们进入了一大片尸骨遍野、充斥废弃武器和铁丝网的垃圾场。士兵们无法想象为这片荒土而战死的价值。过去两年里，他们的兄弟就漫无目的地牺牲在这片焦土上。为什么要为占领这样一块破地而牺牲呢？

在流血成河的 1918 年，鲁登道夫的春季攻势使得德军从 510 万人减少到 420 万。这样的损失令人无法想象。它比凡尔登更可怕。对德国人来说，在凡尔登丧失 27 万 8 千人是极大的痛苦。但是现在，鲁登道夫正在超越它，而无任何结果。

1918 年 8 月 8 日，德军的士气彻底垮塌。大批撤退的德国部队开始嘲笑进攻的士兵，因为他们延迟了战争的时间。人们大喊着：

“工贼！”

“罢工破坏者！”

“你们以为自己在为什么打仗呢？”

英军正在利用史上最庞大的坦克队发动进攻。机械被装在巨大的火车车厢里运抵前线，上面贴着迷惑人的字条“水箱”。它也正是坦克名字的由来。在战争初期，它们只是一个实验。

然而现在，英国人发现这些机器能突破战壕和铁丝网，而且它们能恐吓德国最英勇的士兵。

同时，美国人正在赶来。这些性急的年轻人在贝洛伍德和蒂耶里堡的人数猛增，不顾一切发起急速的正面进攻。这些男孩的气魄与活力简直就是传奇。在蒂耶里堡，美国军队捣毁了敌人的整条封锁线。在另一狙击点，一位海军中士、曾两次荣获勋章的机枪手朝自己人喊道："来吧，狗娘养的！你们想永生吗？"

在另一处，活泼的田纳西突击士兵艾尔文·约克中士创造了历史。这个田纳西的苦孩子以前每天外出打猎为家里人准备食物，他比任何人都知道怎么射击一只火鸡。当他和 5 名士兵被 154 名德军包围时，他们立刻杀掉了 22 个敌人。其他的 132 人看呆了，然后全部投降。投降的德国中尉看着约克这 6 个人，口吃地说道："这就是你的全部队员吗？"

约克，这位美军最优秀的狙击手成为了一个传奇。人们以他的名字命名街道，比如曼哈顿的约克大道。约克无法理解人们的大惊小怪，还说，射击德国人跟射击火鸡差不多。

其他值得注意的美国人也完成了英雄事迹。切诺基族战士杰斯·费克松穿越丛林，伏击了人数未知的敌军。拉科塔族的士兵约瑟夫·克劳德保证要割下敌人的头皮，用他的话说，"掀起德国人的头发"。最令人印象深刻的是波尼族人。他们摧毁了德国封锁线，这个民族的士兵死亡率是其他美国战士的 14 倍。乔克托族人和其他美洲原住民用 26 种不同语言通过战地电话传递重要消息。他们用“头皮”指代“伤亡”，用“枪”来指代速度飞快的“机关枪”。这就是第一批著名的“密码通话员”。德国语言学家搞不清楚这些英雄们说的是什么话。即便他们会说这些语言，他们也无法懂得“玉米粮食”和“咆哮的妈妈枪”是什么意思。前者是指手榴弹，后者是重型火炮。

法国总统乔治·克里孟梭邀请这些战斗英雄进入总统官邸，并授予他们闪耀的勋章。总统亲吻了他们的两面脸颊，与他们高举酒杯，然后宣布，这些人是美国西部真正的儿子。

美国人在法国一些地区成了神话。卓绝的美国将军约翰·潘兴领导一个师部解放了圣米耶镇。尽管先头部队损失惨重，但美军摧毁了德军的整条防线。人们不知道是什么练就了这位西点军校的第一上尉。他不佩戴勋章，也无视人们的愤怒而坚称，黑人部队和白人部队是平等的。一些卑鄙的批评者叫他“黑鬼杰克”，结果他的手下将这个词变成了更阳光的绰号“黑人杰克”。手下人爱戴他，就算是地狱也会跟着他去。很多人相信他是继格兰特之后美国最优秀的军人。

潘兴领导部队进入了圣米耶，这座小镇被德国最残暴的军队蹂躏长达三年。德国士兵以交换食物为借口强迫妇女与他们发生性关系。没有其他地方的人比这儿的人更憎恨德国人了。现在，解放者潘兴领导队伍来到了这座小镇，法国妇女们感恩到流泪，她们热情地欢迎他。女孩们啜泣着亲吻解放战士们，并宣布她们从未见过如此伟岸的男子。

潘兴眼里放光。“我们狠狠地舔到了她们，不是吗？”他大笑地说出这句广为人知的感慨。但是，因为爱上了一位躲在巴黎的艺术家——一位23岁不会说英文的金发女郎，他自己并没有亲吻眼前的女人们。那位女艺术家甚至连潘兴的名字也不会说，只好叫他“亲爱的将军”。然而，潘兴的部下们与这些自愿的女孩们接吻，一个又一个，直到人人都忘记了自己到底亲了多少个女孩。

法国女人爱这些美国人，潘兴为此很骄傲。很多士兵看见一位老妇人拿着系着绳子的十字架靠近一个美国兵。她将十字架绕在他的脖子上许了个愿。“我的孩子，”她微笑地说，“你不会死的。”

多年前在一场火灾中失去妻女的潘兴爱上了这一幕，悲伤了这么多年的他第一次大声笑了很久。

鲁登道夫的痛苦如潘兴的愉快一样多。8月8日，他最终明白自己输了战争。他摔倒在总参谋部的地板上，嘴里吐着白沫，像受伤的野兽一样尖叫。他稍后称这一天为“德军的黑色日子”。他也愤怒地发现自己人不断令他失望。他坚持认为，如果人们再努力一点，他们就可能做得更好，就可能赢，哪怕对手有10亿人。

鲁登道夫不理解，是自己的错误造成德国与10亿人民为敌。然而，他知道自己的军事力量崩溃了。所以，他尖叫着倒下了。他的随从关上门，请来了他的心理医生。

人们当然无法听到鲁登道夫崩溃的消息。如果不是多个信源的确证，他尖叫、吐白沫的情景令人难以置信。但是，这意味着鲁登道夫更疯狂了么？还是，他现在终于少些疯癫了？一些人猜测，他这次倒下是因为他终于实事求是，意识到自己输掉了世界大战。

他的确输掉了全世界。

对于一个梦想超过拿破仑、将部队建成军事霸主的人来说，这种从伟岸身躯坠落到滑稽小丑的过程令人晕眩。熟读拿破仑历史的鲁登道夫记起，拿破仑带着40万人进攻俄国，回来的时候只剩下3万。的确，只有拿破仑失败得跟鲁登道夫一样彻底。这两个人都创造了破纪录的灾难。

德军依然在战斗，但是他们的激情消退了。士兵之间传递消息称，美国愿意接受任何人的投降。无论士兵怎么憎恨敌人，投降权是一个普遍被接受的概念。德国部队流传的这一声音似乎在说："让我们投降美国人吧！让我们了结这事吧！"

超过10万人（通常比这一数字还多两到三倍）的美军每月都来到欧洲。威廉·罗杰斯打趣道："德国人摸不清美国人如何能把部队送到欧洲，并且那么迅速地完成了训练。他们不知道，我们的指南上根本没写撤退二字。当你不得不教导部队破釜沉舟时，你必须用一半的时间完成任务。"威尔逊总统喜欢这个评论，他反复地提起它。《共和国战歌》里吹响的号角时刻提醒着美国兵"我们永不撤退"。

美国部队很着急，他们唯一担心的是德国人会在得到教训之前投降。美国士兵开始做出奇怪却伟大的举动。他们开始前所未有地逃出部队：他们"逃离部队去前线"。他们离开自己的战友，只为去前方寻找任何可以参与的战斗，加入任何哪怕只能送一个德国人去地狱的小分队。

很快，观察家们这样谈论德军，“他们第一次变成防守一方。”“德国士兵不如以往了。”“他们的失败只是时间问题。”

德军部队感到意外，他们之前被告知美军十分无能。下士雷克林豪森直言不讳：“如果我们眼前的美国兵代表了他们的平均水平，如果他们的人数真像他们说的那样多，那么，这对我们所有人而言都意味着永别。”

更糟糕的是，美国人在敌占区投放内容生动的小册子。一封写着：“你们的战斗毫无希望。美国会毁灭你们的计划。你们的潜艇毫无用处。无论你们击沉多少艘，我们也能制造更多的军舰。你们的贸易被毁……德国工业正在走下坡路。”

美国人不是唯一的英雄。英国人也享受了极其光辉的时刻，这些成功足以弥补过去停滞不前的痛苦。在亚眠战役中，英国第四军捕捉了 1 万 3 千名俘虏。他们行军非常迅速。一支小分队趁德国人吃早餐时将他们包围。在别处，坦克发挥了巨大的威力。它造成了不同程度的人员伤亡，它的速度之快使德国人根本无法及时反击。不久，德军开始撤退，一直退到出发地。然而，他们身后留下的是 100 万伤员，这些好小伙子们都毁于鲁登道夫破罐子破摔的狂妄表演中。

鲁登道夫承诺美国人无法及时调兵，德国人应该怎样看待那些承诺？他们该如何理解他骄傲的声明“我才不管美国军队如何”？如果人们考虑到鲁登道夫的军队缺少飞机、配有橡胶轮胎的卡车、健康的马匹、饲料、绷带和医药的话，这支可怜的军队还算表现不错。但是他们失败了。更糟糕的是，他们比协约国损失的人数更多。他保证过的胜利去哪儿了？有没有可能，歼灭战其实消灭了德国军队这支鲁登道夫认为地球上最优秀的军队？

鲁登道夫没有给出解释和补充。他的情况很恐怖。后方人民饱受饥荒。他的盟友在逃逸。军队里流感横行，更不必说弥漫的反战主义情绪。同时，美军雄赳赳的挺进和英军的坦克搅乱了他们所有的计划。德国海军发生了暴乱，德军的逃兵数字庞大。局势危急。自从鲁登道夫发起攻势之后，德军被打击得如此惨重，他们无法向任何地方前进，只能防御自守。

有趣的是，德国档案从此开始停止记录有关进攻的信息。借用古罗马的一句话，前进一词“由于缺席而变得引人注目”。

鲁登道夫为德皇呈上一份报告，里面提到每场灾难的积极一面。他称鲁登道夫攻势进展可观，它打击了协约国的核心地带。他争辩说，它并不是表面呈现的样子。哎，这辩词真是太酸腐了。进攻带来了德国无法弥补的巨大损失，也没达成任何清晰的目标。

占据新优势的协约国领导人开始讨论给予德国怎样的和平。很不幸，他们希望鲁登道夫履行一些致命的条款，正如他曾经对俄国一样。而且比那还要糟糕。在英国，劳合·乔治首相宣布德国领导人应该为其罪行接受审判。“种族灭绝”一词还不存在。研究德国战争的专家、纽约犹太人拉法埃尔·莱姆金将用它来形容德国在下一次世界大战中的罪行。但是1918年，人们可以看到种族屠杀的倾向。劳合·乔治希望召唤德国领导人——像罗马人召唤野蛮人一样，让他们对自己的行为作出解释。他估计到战争结束，英国应在威斯敏斯特大厅审判1000个野蛮人。

同时德意志帝国摇摇欲坠。虽然鲁登道夫亟需士兵，但德国兵每天仍成百上千地逃逸。铁路工人们宣布希望停止运送兵力去前线。兵变的谣言四处传播，一些部队谈论着拒绝前进。前线士兵的食物所剩无多，只能维持几天了。

柏林传来令人沮丧的消息：尽管普通德国人每天收到的食物只够喂饱一个两岁的孩子，政府却不得不再次减少口粮供应量。

还有更糟糕的新闻。鲁登道夫的盟友开始讨论分开议和。奥地利和保加利亚警告鲁登道夫，他们只能再坚持战斗一段时间。11月之后，他们必须从战争中撤出来。德国人民疑惑这种状态要持续多久。可能新年之后，德国就要灭亡了。

鲁登道夫的妻子经历了可怕的损失。两年里，在空军服役的两个儿子陆续战死。他们的死亡细节让人心碎。1917年9月5日，玛格丽特的儿子、波尔克空军中队的弗兰茨·佩尔内中尉起飞迎战协约国。上个月，两个朋友的牺牲令他非常不开心。虽然他很勇敢，但是他面对的协约国飞行员受到过更好的训练，他们驾驶飞机将他团团围住。飞行之前，这个男孩给家里写了信："妈妈，你不能想象，当一天的战斗结束我又可以躺在床上时，我的心情如天堂般美好。睡觉前我会对自己说，感谢上帝！您又让我多活了十二个小时！”

弗兰茨很年轻，身材不高，勇气大于经验。公园里一个小女孩说，这位穿制服的年轻人看起来像个邮递员。而如今，在这命中注定的一天，鲁登道夫将他送去荷兰海岸上空，迎战新西兰飞行员基思·派克。

这是要人命的运气。派克是世界上最好的飞行员。二十年之后，他成为抵抗希特勒的伦敦空防总长，指挥了一系列英国历史上最成功的行动。1940 年 8 月的一天，他的部下一天之内击落了 69 架德国飞机。没有什么能阻止他。

现在，派克追击鲁登道夫的儿子。两个人僵持了一会儿，派克做出了一些目击者不能解释的神秘动作。几秒之内，派克飞到弗兰茨的背后，连续五次射击。弗兰茨的飞机像被炮弹击中的纸片一样解体了。

男孩像死去的小鸟一样坠落。他二十二岁。他的飞行生涯维持了 12 个星期。

当玛格丽特收到儿子的死讯时，她像受伤的动物一样发出了嚎叫。稍后，她写道，自己“如同活在梦里一样”反复经历过那个瞬间。当她收到男孩写出的最后一封信、一封充满勇气和精神力量的信时，她受到了更多伤害。这些文字无时不在提醒她，他生前是个多么好的小伙子。

1918 年 3 月 22 日，在鲁登道夫攻势的巅峰时刻，玛格丽特的另一个儿子埃里希飞向天空准备战斗。埃里希长相英俊。

他的妈妈说他“高大、苗条，是我儿子里面最好看的”。他也最聪明，能够觉察到自己死定了。他死前不久曾离开部队回家过生日。他轻柔地告诉母亲，“妈妈，你一定不要忧伤。请记住我全心全意地热爱我的职业。虽然经历过很多险境，我也不愿意错过今年的每一刻。”

埃里希的激情比大多数军官都要充沛。他希望成为将军。人们原以为他的升职是因为他是鲁登道夫的儿子，但实际上是由于他的功勋。他从没有得到过偏袒，几乎是一个无可挑剔的军官。

埃里希不走运地遇上英国飞行员托马斯·西德尼·夏普。他来自于英国皇家飞行队第 73 格罗斯特中队。之前，他已经击落 6 位飞行员。他是一个处于上升期的专家——一个月之内杀死了 6 人。而现在，他背对太阳朝埃里希飞来，这一位置使埃里希处于太阳的直射下。半盲的他艰难地防御着，夏普将他击碎了。

埃里希的尸体被冲刷至荷兰海岸旁。鲁登道夫将儿子们的尸体停放在太平间，一次又一次地去看他们。不知为何，他推迟了送他们回家的时间。他写信给妻子说，看望孩子们的尸体让他觉得好受。最终，他将尸体运到威廉皇帝纪念教堂的豪华地下墓穴里。但这就是他能做的一切。他想象不出还可以做些什么。下一次战争中，协约国的炸弹将抹平这座教堂，这两孩子也就随风飘散了。

当鲁登道夫杀死了她的儿子，玛格丽特开始变得疏远。从此，她只穿黑色的衣服，并再也没有笑过。第二个儿子的死亡距离第一个太近，她无法承受这种痛苦。她在回忆录里写到，“我完全地感受到了沉重的打击。我不知道发生了什么。我只知道我崩溃了，从那天起，多年以来，我总是感到恶心和抱歉。”渐渐地，这位美丽的女子陷入忧郁，然后沉迷于吗啡。生命不应该以这样的方式结束。她曾经有过梦想。她本是传统的德国女性，家庭对她来说就是一切……而现在，她因为将军丈夫失去了一切。

因此，鲁登道夫同时输掉了家庭和战争。他不承认自己真的有错，似乎这就是他的安慰。就像德国皇帝和后来的希特勒一样，他说服自己是德国人民辜负了自己，而不是相反。

丘吉尔说过，德国只有一个办法退出这场战争，那就是倡议一个没有吞并和赔偿条款的安抚性和约。这样，每一方都可以休战回家。丘吉尔认为，那样的条件对每个协约国成员来说都是无法拒绝的邀请。

或者，鲁登道夫能做出一些卑劣的事。他能变得野蛮无情。他可能宣布德国是正义的。他要为自己制造的灾难寻找替罪羊来接受惩罚，他也可能让战争升级到十分悲惨的境地，直到希望协约国垮塌，向他求和。

这是一个选择荣誉还是偏执的问题。他可能承认自己的军队输掉了一场世界大战，无数人的生命浪费在了没有意义的战役中。然后，他可能求和，求得一个没有胜利者的、只属于勇敢者的和平。

或者，鲁登道夫要将这些亲手制造的灾难归咎于别人犯下的错误。他可能会继续要求与反对德国的10亿人对抗，将战争升级到足以带来世界末日。

第九章

“背后挨刀”传说的兴起

瓦尔特·拉特瑙是著名犹太商人、德国通用电力公司创始人的儿子。在第一次世界大战期间，他说服战争部建立了资源局，并担任高级职务。他在德国的战争活动中发挥了重要作用，不仅领导德国开发了被英国人封锁禁运的原材料，而且有效利用了从比利时和法国掠夺的原材料。但是，爱国并没有保护他不受新兴的反犹主义的影响。

尽管拉特瑙等人不遗余力地为德军开拓原材料和物资，他们依然不能满足鲁登道夫无尽的战争需求。在美国，越来越多的男子开始志愿参军。美国最受欢迎的泰德·罗斯福在一次空战里失去了儿子昆汀。他竭尽所能地招兵买马，大概也是不甘心儿子白白牺牲。

昆汀的眼睛和背并不怎么好，他完全可以不用参军。但是通过家族的影响力，他混进了空军。他觉得，躲开战争、与有钱的未婚妻伊迪斯·惠特尼待在一个像哈佛一样漂亮的地方是不对的，尤其当其他人都在为国家忙碌时。父亲将昆汀送进了一支优秀的空军中队。勇气和决心为他赢得了很多朋友。但是朋友们都说，他跟他父亲一样太英勇了，他们担心这样会太冒险。

在前线的第一个月，他击落了第一架德国战机，这很美好。但是第二个月，他独自飞行的时候被 7 架飞机尾随了。他从正面连发两弹，但飞机在几秒之内被击落。昆汀作为空军战士的职业生涯持续了八周。

白宫的侍者们伤心欲绝。特勤局的人记得昆汀童年时如何与小伙伴自称“白宫帮”，用雪球多次伏击特工。他们再也无法看到朝他们飞来的雪球了。

一个卫兵记得昆汀为生病的兄弟担忧的样子。他想方设法让他振作。他和侍卫们一起把家里的宠物小马阿尔贡金赶进电梯，把它带到卧室里。兄弟十分惊喜。

另一个卫兵回忆起年轻的昆汀如何与一位黑人员工的孩子交朋友，他丝毫不介意对方是黑人。那一幕在今天可能不令人吃惊，但是，在 20 世纪早期，黑人仍被看成劣等种族，昆汀当时的行为史无前例。他没有种族概念。他总是祝愿世界变得更好。昆汀的死亡刺激了罗斯福。这位美西战争的英雄开始横跨美国招徕支持者。

为避免遭到强烈反击，德国政府积极地处理昆汀死亡带来的影响。他们安排 1000 名士兵为他举行了一个荣誉葬礼。他们写下油腔滑调的悼唁向昆汀的光荣牺牲致敬。然而，一个无名小卒弄砸了一切。他给躺在飞机碎片旁痛苦的死者拍了一张照片，然后将这张照片制作成明信片高价出售。协约国人民得知敌人从死者的痛苦中开拓商机后表示震惊。美国人尤其被激怒了。

1918 年，第一次世界大战的最后一年，鲁登道夫损失了一百多万士兵。这其中包括无数藏进森林躲避战火的逃兵以及奔赴荷兰避难的人，也包括战场上自杀的人，还有发疯的、不得不被清理的男孩。各行各业的德国人都说，生活是“没有结局的恐惧”，反战主义者认为这比“充满恐怖的结局”更可怕。食物如此短缺，刚报到的新兵在第一天训练中就饿晕了。

德国海军曾向英国人炫耀部队人数的快速增长，还公布他们海军上将的挑衅宣言。然而，这支爱挑起战争的军队也濒临爆发内部叛乱。谣言说，沮丧的将军们很可能派遣舰队与英军进行最后的决战。水手们并不想与他们眼里世界上最强大的海军一决高下。具有煽动能力的水手公开了一份宣言：“关于舰队出征的决定将被阻止。”船员们深知，如果他们袭击英国海军将会发生什么。

同时，英国禁运如同缠绕的蟒蛇将德国粉碎，让它无法获得食物和材料。德国撑不了多久了。鲁登道夫强征了太多农民，收缴了太多可以用作肥料的化学制剂。太多的德国年轻人在他发动的攻势中牺牲。德国农庄在荒芜。

德国空军从欧洲最强大的部队变得微不足道。德国军队曾经可以打败俄国人，但他们也只打败了俄国人。那次胜利没有带来真正的凯旋。布列斯特和约让鲁登道夫赢得了多项战利品，但是他没办法真正地领取。和约释放了一些德国部队去西线，但是他们脾气很大又不可靠。同时，列宁的同僚将共产主义在整个东欧传播。

鲁登道夫最优秀的突击队——在最后一场进攻里勇敢前进的士兵，现在消失了。他们是最后一批最强战士。幸存的德军被英军的新式坦克震慑，尤其是惠比特坦克。它行进迅速，抗打击能力很强。鲁登道夫告诉炮兵站稳脚步、用炮火猛攻那些坦克，但是勇敢的士兵们一看到这庞然大物就四散而逃。不久，他的部队开始对坦克产生了幻觉。即便在根本没有坦克的情形下，士兵们也能想象自己听见了坦克的轰鸣声。

有士兵借用一个美国词汇“铁甲舰”来形容坦克。他们带着畏惧说出这个词。这些坦克就像 19 世纪早期传说中的美国军舰，它们用生长在弗吉利亚附近岛上的特别橡木制作。这种木头非常坚硬，打在它身上的炮弹都能反弹回来。至少有一艘这样的船被命名为“老铁甲舰”，它至今仍然是波士顿港的一道靓丽风景。坦克这一新铁甲舰同样令人印象深刻。

德国工人试图生产坦克，但过程缓慢。他们在制造引擎和钢板的时候遇到了麻烦。他们做出来的引擎动力不足，钢板的坚韧度也不够。车间经理也搞不懂鲁登道夫互相矛盾的指令。他到底需要多少辆坦克？多快，多小，多厚？他到底想要多少艘潜艇？多少门大炮？鲁登道夫对一种武器的需要就意味着另一种的产量减少。鲁登道夫一切都想要太多。他钟爱的巴黎炮需要 250 吨钢铁，但杀伤力却微不足道。同样的钢材可以制造很多坦克，坦克制造迫切需要钢铁。但是，他的手下无法在这些问题上说服鲁登道夫。

理论上，德国并不是毫无希望扭转局势。外国士兵还没有踏上德国领土。德军也没有被彻底击垮。但是，自从鲁登道夫攻势完全失败后，德国人只能原地待命。敌人可以调兵遣将，而鲁登道夫不能。这就是为什么自鲁登道夫攻势之后，德军不能向前推进的原因。简单地说，敌人可能做出任何出其不意的事情，而鲁登道夫只能等。

著名军事史学家汉斯·德尔布鲁克认为，鲁登道夫独自犯下了大错。“他不能制定出可行的目标，因此，士兵的英勇变得没有意义。”由于他发表文章道出了恼人的真相，德尔布鲁克成了鲁登道夫的敌人。他最终不得不离开德国。他对鲁登道夫的主要指控是，鲁登道夫和兴登堡在没有制定长期目标的情况下盲目追求军事胜利。

消息一天比一天糟糕。不久，下属们感觉到鲁登道夫因为害怕听到坏消息，甚至开始不敢参加晨间通报会。随着士兵抢劫物资仓库和投降的愈演愈烈，鲁登道夫停止了任何行动。有时，大部队一去不归，传来的消息都是出现了大规模逃兵，或者数百士兵向一个新泽西大兵投降。

唯一例外的是关于一等兵阿道夫·希特勒的故事。他受到英军芥子气的袭击而差点致盲。之后，他从西部前线撤退到波美拉尼亚的一家德军医院。身体复原后，他只想返回战场。但是在 1918 年 10 月，年轻希特勒的热情是罕见的。很少有人像他一样斗志昂扬。

鲁登道夫的外国敌人正在取胜，他变得神经兮兮。在研究了夸大其词的施里芬计划之后——这一计划根据汉尼拔的坎尼大捷制定，他确认悲剧人物汉尼拔被自己的人民背叛了。鲁登道夫觉得自己和汉尼拔一样，是不被欣赏的天才。他开始寻找为自己承担责骂的替罪羊。某天，他对天主教徒和共济会感到恶心。隔天，他怪罪社会主义者和共产党。然后，他抱怨德皇、政府、发战争财的人，还有大后方的妇女们。他总是责备犹太人。

协约国计划向柏林挺进。美国总统伍德罗·威尔逊谈论着“没有胜利的和平”，但是鲁登道夫觉得这样的和平很成问题。威尔逊希望达成温和的和平条件，就像他的军官父亲在 1865 年美国内战里给予南部联盟士兵的那样。他希望达成没有苛刻报复条款的和约。

但是，绅士威尔逊也理解鲁登道夫等德国军事家很难对付。他坚持让德国人首先证明诚意。为开展谈判，他希望德国立即从包括阿尔萨斯和洛林、比利时及波兰在内的所有占领地区撤出。他还希望德国海军和空军放弃大规模军舰和飞机。假如停战谈判破裂，德国的地位也不再能上升为大国。威尔逊最不希望看到的是，德国人得到喘息之后又重新投入战争。

威尔逊坚持只与德国人民的真正代表进行商谈。他反对由鲁登道夫、兴登堡和德皇代表国民。威尔逊总统希望这场历史上最可怕的战争能干脆地终结。他不希望和谈演变成允许德国人东山再起的诡计。

美国人的要求简直就要将鲁登道夫粉碎——虽然多数美国自由派的要求更加过分。他们更为严苛。美国高级将领“黑人杰克”潘兴给盟军最高军事委员会写信，敦促他们强制德国签订无条件投降书。前总统泰德·罗斯福也类似地要求盟军进入柏林，给德国人致命一击。他希望粉碎德军，好让他们知道终于挨鞭子了。他说，只有那样美国才能缔造和平。

许多法国领导人同意这些意见。“屠夫”查尔斯·曼金将军赞成这一战略。协约国军总司令费迪南德·福煦元帅希望将条约制定得严厉到德国永远不能再伤害邻国。

要求柏林阅兵的呼声很迫切。如果他们这样做，德国军官可能永远无法说服人民，他们没有失败。这将有可能驳斥纳粹的所有借口，阻止他们上台。这样，第二次世界大战也许就不会发生。

同时，鲁登道夫开始丧失勇气。他终于理解事情有多么糟糕。到 1918 年 9 月 28 日，鲁登道夫已经没有其他选择。直到此时，这位战败的军人才承认停战是必须的。他疯狂地强调必须“立刻”达成和平。他狐狸般狡猾地要求停战由政治家而不是军人协商。这样，他就可以把战败的责任转向政府。

等到 10 月 2 日的时候，鲁登道夫说服德皇同意了这个策略。他宣布，因为和平的需要，“军队不能再等待 48 小时”。很明显，鲁登道夫惧怕军队在和约成立前崩溃。如果那样，他会因为战败而饱受责难。

那时候，许多美国人出现在欧洲战场上，德国士兵则大规模地逃离部队。鲁登道夫认为他需要确认某种信任。10月26日，鲁登道夫在柏林皇宫向德皇递交了辞呈，他以为可怜的皇帝会同以往一样拒绝他的请求。这次，灾难当头的德皇却意外地接受了他的辞职。令他震惊的是，老朋友兴登堡对此没有异议。鲁登道夫风暴般地冲出宫殿，兴登堡安静地紧随其后。当他们离开后，德皇高兴地自言自语：“我终于分开了这对连体双胞胎。”

宫殿之外，兴登堡想要顺路送鲁登道夫回家，但是愤怒的鲁登道夫嘟囔着要自己离开。兴登堡告诉他现在不能撂挑子——他还必须向继任者交接文件、人员等其他手续。不然，总部就会方寸大乱。鲁登道夫回答，他的下属赫尔曼·冯·库尔中尉可以代劳。他像一个生气的孩子跺着脚离开了。

鲁登道夫回到家中时面色苍白、筋疲力竭。他气冲冲地陷进自己最喜欢的躺椅里。妻子试图拉他起来，然而他只是沉思，然后突然跳起来大喊：“你瞧着！两周之内我们的帝国和皇帝就要完蛋了！”

人们在林荫大道上遇见目光枯竭的鲁登道夫。剧院里的人们听到他的解职消息时欢呼得不能自已。当地交响乐团为他的辞职鼓舞欢呼。邻居们告诉她妻子希望他们搬走。夜里，他们接到威胁电话。显然，他们时日无多。

有些德国人爱戴鲁登道夫。最显赫的容克贵族、企业总裁、富翁和大财阀——那些靠他致富的人都喜欢他。他们觉得鲁登道夫发自内心地记挂他们的利益。他的确如此。但是广大的德国人民——那些孩子在战场上丧命的中下层人民——将他视为天敌。

感到害怕的鲁登道夫离家出走。他把自己关在一间未登记的公寓里，在那儿安静地住了若干天。他买了伪装自己的道具——蓝色的太阳镜和金色的假发，然后计划离开德国。短时间内，他从世界上最强大的军队领导人之一变成了暴徒们希望凌迟处死的贱民。

英国首相劳合·乔治再次提出要让德国领导人受审。他希望鲁登道夫和同谋们受到英国法律的审判。一些人将被处以死刑；这当然包括像鲁登道夫一样最高级的领导人。如果在法庭上出席，他一定会死。

鲁登道夫手中沾满了鲜血。比利时人回忆起一个代号叫做阿尔贝里希的行动，它发生在1917年冬天。鲁登道夫部队强迫50万平民修筑法国与比利时边境上的要塞，它们被西部人称为兴登堡防线。劳动者们卸载了1250辆火车的建筑材料，然后修筑了一个巨大延绵的水泥钢筋防御工事。德国人撤退到这些工事后面。他们在撤退期间捣毁了许多比利时与法国的铁轨、果园以及采矿场。他们收缴机动车，将城镇夷为平地，还洗劫工厂，给井水投毒。他们宰杀牛羊，甚至还向十字路口扔炸弹，吓唬路边缺衣少食的妇女儿童。

他们还有更多暴行。鲁登道夫安置了无数个饵雷：爆炸装置被藏在小麦粉里、火腿肉里、枕头和床垫下。威力最大的则被放在钢琴里。只要人触碰了某个琴键，钢琴就被引爆。鲁登道夫假装他打击的都是军事目标，但这根本就是鬼话。人人都知道军营里的战士才不会弹钢琴。鲁登道夫杀害的是平民。

他偷光了比利时工厂的器械，让这些工厂变成空壳。矿井被灌了水。火车铁轨被他下令捣毁，90% 的机车被偷走。比利时这个曾经位列世界前十强的经济体，被摧毁得相当严重。它再也没能恢复当年的声望，成了一个无限闭塞的地方。

撤退中，巴伐利亚王储鲁普雷希特指责鲁登道夫坚持“毁坏所有高速公路、村庄、城镇和水井”。这位王储是德国第六军的总司令，也是皇室里为数不多受过扎实教育的人。葡萄园、花园和绿色山川变成了到处是铁丝网和死树的荒野。河谷成了露天排污沟。鲁普雷希特终于忍不住干预。他请求鲁登道夫停止残暴的行径，尤其是放过 13 世纪建造、已经不再具有军事防御功能的库西城堡。库西城堡是中世纪的建筑杰作，它有欧洲最大的城堡主楼。

愤怒的鲁登道夫忽视了鲁普雷希特的建议，他将城堡里塞满 28 吨炸药，在 1917 年 3 月彻底炸毁了它。他说，塔楼可能会被用作军事观察点。有趣的是，德军炸毁兰斯大教堂时也寻找了类似的理由。

1917 年 4 月，法国政府宣布，库西被毁坏的建筑是“野蛮纪念碑”。在比利时进行人道主义救援的美国工程师赫伯特 · 胡佛宣称鲁登道夫可恶至极。他发誓要在法庭上证明这一点。

以上暴行还仅仅是鲁登道夫两个月里的所作所为。战争时期，鲁登道夫发起了很多类似的行动。这些罪行使学者们——比如康奈尔大学的杰夫·利普科斯博士——认为，对比利时的暴行完全是德国为下场实行种族灭绝的战争而进行的彩排。利普科斯长达 815 页的著作《彩排》记录了鲁登道夫的可憎行为。这本书由比利时鲁汶大学出版社出版，讲述了鲁登道夫如何以创造优等文明的名义毁掉了自己的国家。利普科斯认为，我们对纳粹的称呼是从鲁登道夫开始的。

康奈尔大学的伊莎贝尔·赫尔教授认为将鲁登道夫的行为当作种族灭绝有点“太过了”。她提到，鲁登道夫和他的部下并未有意识地清除比利时民族，因此我们不能说他们行为的性质是灭绝种族。

其他人并不同意这一点。在哈佛大学和联合国从事过种族灭绝研究的美国大使萨曼莎·鲍威尔总结，很多种族灭绝完全可能由无意识消除特定民族的人主导。她引用卢旺达事件作为案例。对她来说，要旨在于是否存在越过文明底线的野蛮屠杀，它是否足以使一个民族瘫痪。如果是的，那么这样的行径就是种族灭绝。在这样的评判基础上，鲁登道夫在比利时的工作可以说是种族灭绝。

四年前，一战开始的时候，巴伦·冯·马歇尔将军警告，“鲁登道夫会持续发动战争，直到德国人民耗尽最后一口力气……而皇室将成为众口指责的对象”。另一位法尔肯海因将军也发出过类似的警示：“鲁登道夫最终会让德国走向革命。”要否定这些人的说法还真是一件困难的事。

德国皇帝为鲁登道夫的罪行背负了很多责骂，这也许对他并不公平。将军们经常向他隐瞒战情，只告诉他们想让皇帝听到的消息。皇帝坚称自己是无辜的，他告诉记者自己如何尝试过体面地参与战争。他坚信自己没犯下任何罪行。然而，他容忍了以自己王权名义实施的恶行。他只有一次放松警惕。多年之后，他在给自己的一张照片签名时写下了令人发冷的文字："这一切都错了吗？"

也许是的。战争结束后，他说希望自己死在 1918 年的前线战场上。他觉得那样的话，祖先们就会为他骄傲。但是，就像城堡里抑郁的哈姆雷特，他放弃了这个念头，什么都没做。

与此同时，必须有人签署停战和约。德国政治家最终派遣一支代表团去法国协约国总部讨论议和条款。这些德国代表们知道，他们必须签字，然后承担德国谈判失败的罪责。鲁登道夫已经预见到这一点。

德国方面感受到了巨大的耻辱。他们必须签署一份 8 万字的文档，并且承受所有由鲁登道夫引起的憎恶与怪罪。但是，德国军队至少将被允许回家，军官们也可以吹牛说，他们并没有正式挨打。

鲁登道夫不久拜访了柏林的英国大使馆，与军事参赞、爵士尼尔·马尔康姆将军交换了意见。鲁登道夫大声嚷嚷，他和部队如何在最后的日子被政府背叛。那时候，他们马上就要胜利了。英国将军艰难地想搞清楚这些混乱的语言是什么意思。德语流利的马尔康姆于是问鲁登道夫："将军，你是说，你在背后被人捅了一刀吗？”

鲁登道夫琢磨着这个句子。“背后被捅了一刀？”他猛地停下，眼睛里闪着光，“是的，正是这样。我们被人在背后捅了一刀。”

马尔康姆的这个句子由萧伯纳在1916年普及推广。但是，这话在德语里有特别的含义。在德国流传深远的神话里，伟岸的骑士西格弗里德被恶魔哈根从背后刺伤。将自己视为神话英雄的鲁登道夫现在找到了口头禅。他对每一个愿意聆听的人重复这一总结德国悲剧的词语：“正像英国将军说的那样，德军就是在背后被捅了一刀。”

马尔康姆否认此事。他说自己仅仅传递了普鲁斯特所谓的间接话语。也就是说，他站在一个人所处的位置去阐明他的立场。当鲁登道夫反复强调马尔康姆说德军背后被人陷害，这位英国绅士极力进行书面否认，说自己从未认可德军背后遭陷害的传说。有趣的是，德国报界拒绝刊登马尔康姆的否认书。他们敏捷的利用了这一传说。极端爱国者声称，在光荣胜利之前的关键时刻，叛国的政客蓄意陷害了德军。现在人人都相信，犹太人领导策划了这个阴谋。

鲁登道夫不久发现，当他讲述犹太人如何给德国制造麻烦时，听众们高度认真和狂热。在此之前，他从来不能让普通德国人对天主教、共济会、社会主义者和共产党的故事感兴趣。尽管德国大工业家拉特瑙是一位犹太爱国者——他向鲁登道夫提供了巨大帮助，尽管正是这个犹太人保障德国能够战斗多年，人们依然积极地聆听鲁登道夫讲述噩梦般的犹太阴谋。他每次开讲都捏造新细节以激发热心听众的兴趣。

鲁登道夫从未解释犹太人为什么要摧毁德国。那些阴谋家到底想要什么？谁给他们下命令？目的是什么？没有人询问，也没有人在乎。只要著名的鲁登道夫讲述那些他们愿意听的信息就足够了——德国和德国军队都没犯错，相反，是可怕的外国人和犹太人造成了德国的弊病。

美国驻盟军最高军事委员会代表塔斯克·布利斯将军十分窘迫地目睹了这一寻找替罪羊的过程。经验丰富的外交官布利斯也是一位能在早期洞察危机的学者。从 1918 年 10 月开始，甚至在战争结束之前，他就警告人们，德国军事家们依然在掌控局势。如果他们的权力不受制约，他们将毁灭欧洲。

这位老将的声音本应该被人留意。他曾经在德国、英国、法国的军事院校里学习，他不仅是一位语言大师，而且十分了解某些军人的危险性。他知道，如果要走出过去的阴影，德国人应该推倒旧的军事制度，建立新共和政府。然而，他看见鲁登道夫依然在狡猾地博取德军的同情，教导人们鄙视新共和国。太多的人相信鲁登道夫被蓄意陷害的传说，这一谎言很可能会让新的共和国夭折。

鲁登道夫神话吸引力的最佳体现是它对特定德国战士的影响。当德国被迫投降时，躺在病床上的一等兵阿道夫·希特勒写下一段痛苦的回忆录，讲述了因被犹太人背叛而停战的士兵们。“是因为这样所以 17 岁的男孩才会沉陷在荷兰人的泥土里吗？”他写道，“当德国母亲心酸地让心爱的儿子去打仗，结果却永远见不到他们了——这就是为祖国牺牲的意义？这一切的发生难道只是为了让一群无耻之徒占祖国的便宜吗？”

希特勒抓住了关键词——他想问清楚“牺牲的意义”。他想为失败的战争和所有损失找到一个正当理由。无功而返后，他只好通过阴谋论来解释困惑。他寻求救赎，一旦没有获得，他就寻找替罪羊。

不久，盲目的希特勒幻想清算罪犯。他之后说：“如果在战争之初以及战争持续期间，有 1 万 2 千或者 1 万 5 千名希伯来腐败分子被毒气杀死的话——就像战场上数万名最优秀的德国士兵一样，那么前线的数百万人就不会白白牺牲。”

要想理解希特勒在第二次世界大战期间实行的大屠杀，我们必须了解鲁登道夫在第一次世界大战中散布的神话。要想了解希特勒的目光短浅，我们必须知道他手里的信息从哪里来。让我们想象希特勒用以下文字来表达他希望滥杀无辜的心愿：“犹太人让我们输掉了战争。因此，他们必须被毒气熏死，就像我们在战斗中牺牲的英雄一样。如果我们把犹太人赶出这个国家，如果我们用毒气消灭他们，如果我们在这国家里清除他们的影响，那么我们就会变得更强大。我们必须赢得下一场战争，以弥补数百万人之前付出的牺牲。”

1918 年和 1919 年的六个多月里，德国新政府试图与协约国进行和谈。1918 年 6 月 28 日，他们终于见到了《凡尔赛和约》的内容。这项条约并不比鲁登道夫与俄国签订的《布列斯特－立托夫斯克条约》更为严厉。它并没有像鲁登道夫在布列斯特所做的，要求瓜分战败国三分之一的领土。它也没有将数百万不情愿的人民强行融入进一个国家，就像鲁登道夫要求人们加入德意志帝国那样。与鲁登道夫占领乌克兰、白俄罗斯、波兰和俄国时攫取钢铁、煤炭和铁路相比，它对一个战败国的破坏作用没有更严重。

但是这项条约仍然是严厉的。德国被追究发动战争的责任，还被强迫赔偿损失。对很多德国人来说，最过分的是由美国外交官约翰·福斯特·杜勒斯和诺曼·戴维斯起草的第231条，它迫使德国人承认他们要为所有的战争损失负责。原文是这样的："德国……为它引起所有损失和伤害……承担责任。"

然而，美国人很善良。通过第231条确认德国对协约国的赔款责任后，他们在第232条减轻了德国应当承担的责任："德国……将仅仅对其造成的民事损坏进行赔偿。"这指的是，德国在法国、比利时、波兰和俄国摧毁的民房、村庄以及个人财产。

杜勒斯家族——尤其是约翰的妹妹艾琳娜——此后坚称：美国人通常反对赔款。这两项条款，尤其是第二条，正是为了将德国的义务减少到它能够被容忍。这是一次妥协。然而，德国精英忽视了第二条，他们像死神一样紧紧抓住第一条不放手。他们认为，美国人起草了一项霸王条款——它使和平协定变得可恶和不合法。他们甚至在签字之前声称，体面的德国人必须反对和谈，更糟糕的是他们要反抗允许签署这一和约的共和国。第 231 条给德国保守分子提供了一个绝妙的宣传优势。德国人终于可以将自己视为受害者。

但是，似乎没有德国人花时间仔细阅读紧随其后的第 232 条——它为德国减少了一多半的战争赔款。约翰 · 福斯特 · 杜勒斯并不是人们以为的蠢人。他的弟弟艾伦 · 杜勒斯是美国驻瑞士大使馆的领事，他就是那位为了约会美女而拒绝见列宁的人。约翰 · 福斯特也是一位足智多谋的高级公务员，他制定的战争罪责条款并不如希特勒等人叫嚣的那样邪恶。但是，杜勒斯如何得知这 17 字的战争罪责条款会被德国人揪住不放，被他们用来指责 8 万字的整个和平文件以及新德国民主政府的合法性呢?

威尔 · 罗杰斯写到，《凡尔赛和约》很长，但是它“必须那么长才能让德国人明白我们是怎么看待他们的”。他接着说：“或许可以用一句话总结整个和约，‘如果你们这些鸟人再闹腾，我们会给你们再来一枪’。”

很少有人从头到尾地读完和约，而这给德国极端主义分子提供了宣传机会。他们不仅没有承担德国发动战争的责任，没有承担毒气战和无限制潜艇战，以及比利时悲剧的责任，他们现在反而可以避开这些问题而假装和约是犹太人憎恶伟大德国人民的体现。德国的战士投身于崇高的战斗，他们却被叛国者在大捷之前蓄意陷害了。

他们也唉声叹气地认为和约加给德国的赔款太艰巨，根本无法完成。伟大的美国金融家伯纳德·巴鲁克清楚，德国人能够支付赔款，这些赔款也不比鲁登道夫在布列斯特对俄国要求的巨额赔偿更糟糕。但是，德国人忽视巴鲁克，一些人还抱怨他是不可被信赖的犹太人。

因此，当鲁登道夫要求休战之后，他将它称为犯罪。自德皇以下，各个阶层都有大批人同意鲁登道夫对这些事件的看法。最终，他的观点在德国和奥地利几乎成了民众的普遍意见。在维也纳大学的战争纪念馆里，来访者可以看到伟大战士西格弗雷德的铜像，恶魔矮人哈根在他背后刺了一刀。这是一个漂亮简洁的等式。你希望成为光荣的骑士还是邪恶的矮人？这个问题由于它的提问方式而很容易回答。

起初，让德国人民相信自己的观点具有一定挑战。但是就像反复念经的和尚，鲁登道夫圈子里的人发现，只要他们将这个背后挨刀的故事重复得足够频繁，听众就会相信。正如艾琳·巩特尔在她的著作《纳粹范儿》里写的，“那些反复吟唱‘背后插刀’传说的人最终说服了他们自己，还有其他人，可恶的《凡尔赛和约》跟可鄙的魏玛共和国都是犹太人全球大阴谋的一部分。”

当巩特尔分析早期纳粹通过无尽的重复来说服自己人时，她比自己意识到的更聪明。

鲁登道夫知道，拉特瑙这样的上层犹太人从头至尾都在为祖国而战。他也知道，没有拉特瑙，德国可能早几年就崩溃了。但是，时任魏玛共和国复兴部长的拉特瑙坚持认为德国能够完成和约提出的义务。这使鲁登道夫和其他德国民族主义者被激怒，因此，他继续抱怨德国被犹太人在背后刺伤了。

鲁登道夫的背后挨刀传说并不表示和他类似的将军们无可指责。它还意味着，仍然会有人追随像鲁登道夫一样的人。以及，德国新共和国的领导人——比如拉特瑙——是邪恶的，应该被诛杀。从这一谎言跳到所有犹太人都应被清理的结论也不会太困难。德国历史学家霍格尔·赫维格的提问说明了问题："通往奥斯维辛集中营的曲折之路从背后挨刀传说开始，这样说错得很离谱吗？"

这场惨绝人寰的战争从施里芬计划开始，失败之后又经历了鲁登道夫攻势。再次失败之后终于迎来了《凡尔赛和约》，然而这一和约却无法履行。同时，针对犹太人的、没有证据的阴谋论甚嚣尘上。鲁登道夫在创作这些传说的过程中发挥了关键作用。它们不久就会导致百万犹太人和基督徒的死亡，并在未来许多年里戕害欧洲文明。它们的确在大半个二十世纪里削弱了欧洲。

如果泰德·罗斯福的计划被采纳，协约国军队进入柏林，无数的惨剧可能会被避免。最不担心受到列强威胁的美国本可以领导这次行军。

但是嫉妒罗斯福旺盛人气的伍德罗·威尔逊拒绝让他成为将军。罗斯福本可以胜利地鼓舞战士们去打赢最后一战，在一场真正的歼灭战中将鲁登道夫的军队打得落花流水。协约国本来可以占领柏林，让鲁登道夫与希勒特这些疯狂的傻瓜没有机会假装德国从未被打败。

第一次世界大战的损失是巨大的。请想象四队士兵在你面前匀速地行走，他们一天行进 24 小时，全年不休，这样走了四年，目标是死亡。英军在索姆河边一天之内损失了 58000 人。凡尔登战役里，双方伤亡 73 万 8 千人。仅仅在喀尔巴阡山脉附近的一场战役里，就总共出现了 33 万 9 千名伤亡人员。

这场战争如此猛烈以至于所有参战的政府几乎都被推翻。战争伊始，除了法国所有的国家都是君主制王国。战争结束时，除了英国之外，所有的国家都变成了共和国。理查德 · 瓦特的一本著作题目很好地总结了这场战争：《离去的国王们》。

他们的确谢幕了。不再受人爱戴的德国皇帝担惊受怕地离开德国前往荷兰。荷兰在战争中保持中立。他带走了 48 车厢的珠宝和家具、26 名仆人和一个 46 人的朝廷，以及如今价值五千万美元的银行账户。这是一个没有宝座的朝廷，但是它依然与以前一样。然而德皇仍旧抱怨自己几乎没有力量来维护君主的尊严。

他的核心集团鄙视他。他的贴身男仆在完成多年服务之后离开了他。他最小的儿子尤阿希姆自杀。在皇帝退位和流亡的震惊中，他忠诚的妻子、与他同甘共苦的奥古斯塔 · 维多利亚伤心地去世了。

一个小男孩在德皇生日时给他写了一封令人心酸的信，信中表达了他和自己的母亲如何爱他：“我只是一个小男孩，但我长大以后愿意为您战斗。因为您如此孤独，我觉得很遗憾……还有很多像我一样的小男孩爱着您。”德国皇帝觉得这封信读起来令人愉快，便回信给男孩，欢迎他随时到荷兰访问。男孩和他的母亲——舒耐希－卡罗拉的赫敏王妃真的拜访了他。不久，德皇被她迷住了。她比他小十九岁，意志坚定。几个月内，她说服德皇娶了她。虽然王妃很优雅，但她野心不小。她希望与德皇光荣地重返德国，再次登上王位。她甚至哄着皇帝称呼她“帝国皇后陛下、普鲁士女王”。她梦想带着荣耀回到德国。事实上，她在 1945 年真的回国了，只是不光彩地变成了俄国集中营的囚犯。

德皇的晚年是一场闹剧。新妻子不断告诉他，臣民们抛弃他是猪一样的行径。但是，德皇的结局依然是幸运的。很多人把鲁登道夫造成的惨剧归咎于他，希望处死这位国王。很多美国人在战时传唱的歌曲表达了这样的意见：“我们要把比利皇帝吊死在一棵酸苹果树上”，“当美国佬扯下德皇的王冠”，“如果战争持续二十年，我们就打死德皇”，“我想看着德皇手里拿着百合花”，以及一首特别流行的“德皇想要更多土地，所以我们应该给他地狱”。

美国士兵确实这样想。德皇只是走运地逃脱了。其他国王的运气没那么好。最可怜的是俄国最后一位沙皇尼古拉二世。一天晚上，喝醉的卫兵把他和家人召集起来，称接到命令要立即射死他们。他不太值得铭记的遗言是：“什么？什么？”然后，士兵们开火了。他们打算射死包括四位公主在内的整个沙皇家族。但是这些年轻的女士们往裙子里塞了太多珠宝，子弹反弹。战士们被眼前神奇的抵抗弄迷糊了，然后满屋子用刺刀追逐她们。这些可怜的女孩们尖叫着，一一被刺死，像盒子里的蝴蝶标本一样倒在地上。对一个有三百年统治历史的王朝来说，这一结局无比悲惨。

其他王朝也覆灭了——奥地利王室湮没在尘埃里，保加利亚以及更多的王室也没有逃脱类似的命运。很快，没有多少王朝留存下来。当埃及的法鲁克国王被推翻时，他说世界上终于只剩下五位国王："方块王（K）、梅花王（K）、红桃王（K）、黑桃王（K）和英国国王。"

但是，这一切意味着什么？笔者想起了伏尔泰打趣贝亨诺普松战役时的话——1747 年，一万人毫无意义地牺牲在这个荷兰城市，"我不知道这意味着什么，但是这是一个著名的胜利"。

1919 年，人们觉得这场战争拥有类似的、更大规模的腐朽。这么多年来，人间充满了不计其数的杀戮、空洞的口号以及毫无价值的胜利。一切都没有意义。而今，什么都没有留下。

观察家、著名的驻俄大使乔治·凯南认为这是一个破碎的世界。唯一能表达毁灭和混乱的就是夜里孤独的萨克斯声。混乱无处不在。

但是，混乱提供了机会。在这段真空的时间里，鲁登道夫为名垂青史而开始准备"下一场战争"。在下一场战争里，犹太人将被毁灭，德国人要取得绝对胜利。

第十章

杀戮犹太人并发动新战争

我们的故事该讲完了。鲁登道夫给世界造成战争创伤之后，他这辈子的生活不值得再用一整章篇幅来讲述。但是，德国的某些部门似乎需要鲁登道夫。德国被战争折磨得不堪一击。被鲁登道夫的宣传催眠了的德国人民已经相信了他描述的大好形势和关于胜利的许诺。他们被给予了一个关于光辉未来的幻想——经历可怕的牺牲之后，他们将生活在一个甚至连英国人都嫉妒的富强国家。现在，他们猛烈地从梦中惊醒，面对着一个充满残酷现实的世界。不仅没有胜利，他们背负的赔款如此沉重，国家是否有未来都值得怀疑。

很多德国人都到了山穷水尽的地步。比如一个满身勋章的老兵行走在柏林街头。他不得不卖掉大衣。他一直吃着被施舍的食物。他去公共浴室冲掉虱子。他通过乞讨获得零钱。他为游客画漂亮的明信片，但是很少有游客去买。这个可怜的老兵就是阿道夫·希特勒，一个梦想破灭的悲剧人物。有些作者认为他的脑子可能在战争中受到了损害。可以确定的是，他唯一的幸福回忆就是青年时代与战士们的友谊，那是一些充满了情谊与希望的特别时刻。跟他一样的人有数百万。他们在当下看到越多的痛苦，他们就越向往过去的时光。

德国人有一个追逐强大领导人的致命习惯，他们愿意盲目地跟随这样的领导人。德国历史上最成功的领导人腓特烈大帝对这种奴性倾向感到作呕。他在病床上的最后遗言是："我已经厌倦了统治奴隶。"

在战后重建阶段，德国需要比军事独裁者鲁登道夫更优秀的民主领导人。独裁者让他们陷入绝望和恐慌。这个国家已走到了十字路口，它需要一位能把它带出泥潭的领导人。最开始有兴登堡将军。他不仅没有被追究战争失败的责任，而且依然十分受欢迎。

第二个是鲁登道夫，他虽然没那么有人气，但仍然被当成二号人物。而且，保守党很尊敬他，认为他是相信法律与秩序的杰出战略家。他是亿万富翁、财阀、工业界巨头以及右翼记者的宠儿，因为他为他们在战争中脱罪，也因为他狡猾地声称是犹太人造成了毁灭。不幸的是，他被左派和知识界唾弃。他们认为他的阴谋论、他对社会主义和对共产主义的批评比危险更坏，它们是致命的。

第三，还有实力强大的工业家瓦尔特·拉特瑙。他是在讨论德国未来前景时唯一不偏执地寻找替罪羊的人。他也是唯一在德国之外受到尊敬的名人。

拉特瑙为"原本可以实现的方案"提供了一个令人信服的

案例。他能力强大。他不仅仅是受过良好教育的工程师，而且还是一位有能力的政治家。他在全球都有工作经验。他在全世界投资了21个商业项目。他也有一颗慈善家的真心。美国大发明家托马斯·爱迪生拜访过他，然后发觉他比其他德国人都优秀。“他知道你从来没听过的事，”爱迪生说，“这个家伙总有一天会取得比我们所有人都多的成就。他是一个非凡的人物。”

拉特瑙为战争筹备了一系列的原材料，若不是他的努力，德国很可能早已消耗殆尽。他是否定犹太人捅德国刀子这一传说的活例子。但是，背后捅刀传说的杜撰者鲁登道夫现在开始全力反对他。

战后最初的日子里，鲁登道夫突然变得自怜自艾。他仔细考虑了自己的失败，然后认为除了自己之外，其他的人都应该受到责备。他时而怪罪社会主义者，时而责怪无政府主义者，有时候他责骂罢工者、旷工的人，有时候又是德皇和政府，还有梵蒂冈和共济会。他永远都在责怪犹太人。

鲁登道夫估计自己可能遭遇劳合·乔治首相威胁过的战争审判。为了免于被审判，他抛弃了疲惫的妻子，胆小地逃往瑞典藏了起来。在那里，他继续自言自语：“必须挽回祖国和军队的荣誉，以及我自己的荣誉和名声。”

以前，他鄙视离开祖国、逃亡国外的德国战士。现在他自己也那样做了。但是，逃亡中他并没有安全感；他感觉到折磨。德国的左派从远方写信来威胁他。很多瑞典左派也这样做。许多瑞典人希望他被赶出这个国家，更狂热的人希望他死掉。鲁登道夫扫了一眼地图，怀疑只有芬兰会接受他。布列斯特－立托夫斯克议和时期，芬兰人感激他曾派遣陆军与海军支队镇压共产主义起义，他或许至少可以在那里受到欢迎。但是，一切都可能随着时间改变。最终，他可能成为一个无祖国的人。正是在这一期间，他给自己写了一封深情的信：“我离开之时，心碎了。我多么想念你！”他怀着一反常态的热情与多愁善感写道，“我就像做了一场噩梦。我不知道逃离是否正确。事情不能永远像这样进行下去。我虽说的是永远，但整件事才刚刚开始……我为国家战斗了四年，现在很多事情都悬而未决，我必须站在一旁。我与自己和世界处于战争状态。亲爱的，让我恢复到原来的样子并不容易……告诉每个人我的命运跟汉尼拔一样（也就是失败之后被迫流亡，然后又被迫喝下毒药）。这会使他们明白我身上究竟发生了什么。保存好这些信件，亲爱的。在未来，他们会成为我的回忆录。”

鲁登道夫后来给妻子写了更多的信，她收到这些信的同时也收到了威胁。左翼人士希望将她变成人质迫使鲁登道夫回国受审。鲁登道夫可能是战争中唯一一个敌人和同胞都想吊死他的人。愤怒的人们在她家窗户外面示威。邻居们恨不得将她扔到大街上。

看起来，鲁登道夫和他的家庭无法逃避他的过去。很快瑞典自由党请求政府驱逐他。这糟糕透了，他觉得自己像一个受到重创的拳击手。但是，无论他感到怎样无常，鲁登道夫做到了专注于写自己的回忆录。通过写作，他从自己的角度为战争的每一点都作了辩护。他也毫不意外地把失误都归结于他人。他三个月就写完了这本回忆录。

1919 年 2 月，鲁登道夫从国内的消息人士那里得知，保守派里仍然有朋友和支持者喜欢他背后挨刀的传说，而且告诉他可以安全地回国了。这使他吃了一惊。在德国，让鲁登道夫受审已经发展成为一项运动，但是精英阶层里有权势的一些人对他犹太人灭国的故事仍然表示欣赏。这些精英托人转告他，他回国会受到欢迎。他们需要鲁登道夫作为粉饰太平的象征。

容克贵族们尤其喜欢鲁登道夫，因为他们觉得他本质上和自己一样保守，更重要的是，背后挨刀传说将责骂声从他们所处的阶级转移到了犹太人阴谋论上。犹太人被认为是制造伤害的人。

因此，鲁登道夫回国了，他震惊地发现自己得到了柏林最好的酒店阿德隆饭店的一间套房。他以“赫尔 · 诺依曼”的名义入住，这个名字在德语里的意思是“新人”。很明显，鲁登道夫将自己视为一个要东山再起的新人。阿德隆的经理们用救世的精神鼓励他，极度谦卑地尊敬他。他们让他从私人通道外出，这样就可以避开酒店里协约国的高级军官。他甚至不用和征服者面对面。

心情轻松的鲁登道夫修改完了自己的回忆录，此书在 1919 年 7 月出版。他往昔的助手、享有正直声誉的高级军官马克斯 · 霍夫曼宣称这个回忆录毫无价值，而且非常危险。颇有建树的军事历史学家汉斯·德尔布鲁克同意这一点。德尔布鲁克写作了四卷本的战争史，并且是德国国会的前议员，因此，他在当下的军事政治事务上是一位专家。他一页页撕掉了这本回忆录，并警告公众，毁掉德国的罪犯是鲁登道夫和兴登堡这两个大骗子，而不是神秘的犹太小集团。他说："当人们读到这样的想法时，只会感到生气。每个句子要么荒谬至极，要么就是谎言。"

霍夫曼的看法是正确的——作为一份历史文档，鲁登道夫回忆录不可靠。德尔布鲁克认为它很荒谬的想法也是正确的。但是，这些回忆录有自己的目的。多年之后，英语作家萨缪尔·海因斯指出，鲁登道夫回忆录是为了展示他存在之伟大的"自我纪念碑"。不知道历史斗争内情的普通德国人由于被哄骗，他们相信鲁登道夫是被卑鄙的犹太人蓄意陷害的伟人。在战争期间，只有左翼政治家和犹太人是不光彩的。没有德国人需要为自己部队的失败记录而脸红。理所当然地，鲁登道夫闪亮的声誉被认为是完美的。

随着回忆录的出版，鲁登道夫背后挨刀的故事成了绝对真理，延续几十年。如果人们相信这一传说是真实的，那么，他们就会觉得新共和国的成立是个错误。那么，共和国跟犹太民族就应当被消灭。威廉·夏伊勒在《第三帝国的兴衰》一书（这部里程碑式的著作长达900页，是记录1919年到1945年德国事务的第一手报告）中声称，"背后挨刀的传说瓦解了魏玛共和国，为希特勒最后的胜利铺陈了道路"。

这个传说为鲁登道夫开辟了奇迹。它使数百万德国人相信，他们在灾难般的鲁登道夫攻势中并未失败。也就是说，他的自杀性战略是崇高的。到1924年，他竟然诱骗《大英百科全书》博学的编辑刊登了一篇围绕这些传说的檄文《德国，永远不败！》。轻信的编辑们表面上展示了他的论点，但却没有意识到他们发表了一篇最终导致百万屠杀的谎言。

这篇文章谎话连篇，本不应该由这么一流的编辑部刊登。鲁登道夫在文中清晰地说，1918年他正要赢得世界大战，直到8月的一天，因为“革命者的煽动”，他的部队被德国政府的“内部动乱”所毁灭。他说，所有的反对意见和失败主义都起因于“敌人的宣传”。最令人吃惊的是，他希望达成“没有吞并和赔款”的和平，而这正是他不愿意在布列斯特给予俄国人的待遇。

因此，鲁登道夫说服了德国人，与协约国签订的这个惩罚性和约是不光彩的，因此不应该被遵守。德国人开始相信国家的朋友应该是像鲁登道夫这样的军人。而实际上，这些人是再次将德国搅得天翻地覆的掘墓者。

结果，犹太人成为了背叛英雄的敌人。这一故事不断被添油加醋地讲述。而在当时，几乎没有人理解它最终版本的致命效果。它意味着，为给自己脱罪而屠杀犹太民族的愚蠢倾向早在1919年希特勒上台之前就开始了。悲惨的是，鲁登道夫的残暴有他的逻辑。用一句话来描述大屠杀：因为犹太人陷害了德国，所以为了德国的生存必须杀死他们。

这需要改写历史。为了栽赃犹太人，鲁登道夫狡猾地颠倒黑白。在1918年鲁登道夫改写历史之前，事情的真相是简单的。1918年，鲁登道夫攻势失败了，然后，发生了致使国家瘫痪的大规模罢工。因为鲁登道夫不再具有前进和胜利的能力，他请求政府官员议和，然后，让他们担负起了达成和约的致命责任。

德国的将军们、泛德联盟、财阀、极右翼人士很高兴地看到，鲁登道夫聪明地逆转了以上次序。在他的新历史版本中，德国正在取胜，但是叛国者掀起了接二连三的罢工，这使军队瘫痪，物资运输被切断，继而德国战败。这些罪犯接着又胆小地要求和平。这实在是叛国的举动，因为他们本可以赢得辉煌的胜利。

没有人询问这场阴谋中到底谁是罪犯，也没有人提问，他们为什么要这样做。这场阴谋论根本毫无意义，但极右翼分子卖力的宣传使得人人都相信了它。在《我的奋斗》第七章里，希勒特描述1918年大溃败时提到了这个阴谋："在冰冷的夜里，协约国士兵似乎已经听到了德国突击队的隆隆声，他们的眼睛充满恐惧，他们发抖地等待着迫近的决斗。突然，德国升起了红色火光，它的余晖照亮了敌人前线的最后一个炮坑。在德国部队收到最后总攻命令的关键时刻，大罢工在所有的军工厂爆发了，德军一下子失去了重要的武器和弹药。"

希特勒还写到这一时期的一场工人罢工："它增强了敌人的必胜信念，缓和了协约国前线的绝望。在接下来的时间里，上万德国士兵不得不付出鲜血的代价。操纵这场大规模无耻把戏的煽动家是犹太人，以及他们领导的工会。”

鲁登道夫知道，真相恰好相反。1918年几乎所有的罢工都是在鲁登道夫战败、士兵撤退之后才爆发。把这些事件当成德国战败的原因完全就是谎言。这些事件明明是结果。

魏玛共和国的领导人没能将真相告知民众。在接下来的几年里，阅读过德国学校历史教材的人都会震惊第一次世界大战在教材里得到的评价。斯宾塞·塔克写了一本重要著作，题为《一战中的欧洲大国》，他后悔：“在两次世界大战期间，没有一本学校教材介绍过埃里希·鲁登道夫或者总参谋部对德国的崩溃所发挥的作用。”相反，“人们从关于德国战败和战后困境的简单解释中寻求安慰。”杰弗里·维海在其扎实的研究《1914年的精神》（剑桥出版社出版）中清晰地解释，“1920年间，关于第一次世界大战，想找到一种不包含背后挨刀传说的爱国主义叙事几乎是不可能的。”

当时，瓦尔特·拉特瑙升任了外交部长。他是德国内阁里唯一的犹太人。这一事实似乎并不能证明犹太人具有超强的影响力。不搞背后密谋的拉特瑙公开地动员一切力量稳定国家经济。

他头脑卓绝，本有可能将一切安排得井井有条。他是德国最成功的爱国工业家之一。外国观察家都很敬佩他，认为他是德国乃至世界进步的希望。英国作家罗伯特·布斯比这样描写拉特瑙：“他是……先知、哲学家、神秘主义者、作家、政治家以及最顶级的工业大佬，工业合理化的先锋。”如果有谁能拯救德国，那就是拉特瑙。

现在，拉特瑙放出声明，德国能够支付协约国要求的赔款。稍后，美国经济学家伯纳德·巴鲁克说了同样的话。作为德国民主党的创建者，拉特瑙有的是富强德国的想法，但他慢慢被手持长刀的恶棍包围了。

他每天都收到死亡威胁，这一情况持续了数月。人们在街头高喊：“杀死瓦尔特·拉特瑙，这该死的德国犹太人！”然后，鲁登道夫加入了这一谋杀计划。他声明拉特瑙与犹太阴谋灭国论有关。1922 年，鲁登道夫在柏林出版了《战争与政治》一书。在这个长达 372 页的抨击中，他污蔑拉特瑙是导致德国战士牺牲的犹太罪魁祸首之一。他还宣传，拉特瑙是锡安长老会成员。据传，这些恶魔阴谋家每年都在瑞士一个传说中的墓地进行秘密集会，策划如何毁灭基督徒。尽管《锡安长老议定书》是 1905 年由一个俄国疯和尚——一个连俄国沙皇都与之断绝关系的和尚——伪造的拙劣文件。尽管 1920 年，《伦敦时报》在著名的《坟墓家族》作者的帮助下已证明它是骗人的。这都没有阻止鲁登道夫。广受尊敬的德国史学家伍尔夫伦·维特最近展现了鲁登道夫多么积极地渲染此事。在他关于德意志国防力量的研究《德国国防军：历史、神话、现实》（哈佛大学出版社 2009 年出版）中，维特写道：“著名的反犹主义者鲁登道夫试图将拉特瑙与背后挨刀传说联系起来。他的诽谤性声明造成了深远的影响，一些学者认为鲁登道夫要为拉特瑙之后被暗杀负责。”

鲁登道夫传播了无数个故事，暗示拉特瑙和共产党阴谋有联系。其中一个至今仍然有人相信：鲁登道夫宣称拉特瑙的小妹妹、嫁给犹太共产党人卡尔·拉狄克的伊迪斯曾陪同列宁回俄国，并且撰写了很多洗脑的宣传文案让列宁用来对付德国。这一点都不真实，伊迪斯嫁给了银行家安德烈，但是鲁登道夫不断重复她与拉狄克的关系，以至于它成了一个自圆其说的故事。即便在2016年的今天，《简明大英百科全书》以及其他权威消息源仍将伊迪斯·拉特瑙与卡尔·拉狄克的婚姻作为事实记录。

鲁登道夫还知道，作为外交部长的拉特瑙最近与俄国签订了适度合作的《拉帕洛和约》。这份条约将德俄关系正常化。正常化的过程要求两国解除《布列斯特－立托夫斯克条约》。后者不仅无法实施，而且理论上将俄国四分之一的领土割让给德国。这份条约十分傲慢且不可实施，它本应该使鲁登道夫感到羞愧。然而，鲁登道夫对自己在那场谈判中付出的艰巨努力引以为豪。他认为这是一种成就。消解这份条约或许激怒了他。而由一个犹太人解除它更让鲁登道夫的愤怒火上浇油，因为憎恨犹太人已经成了他的生活方式。

鲁登道夫狡猾地将各种谎言拼凑在一起。拉特瑙被塑造成领导犹太人颠覆德国的阴谋家。他与俄国政府的家庭关系也让人觉得，拉特瑙会很高兴弄垮德国。

阴谋论在1922年6月的一个早晨达到顶峰。当拉特瑙的加长轿车载着他驶向外交部时，一辆坐着两名海军雇员的奔驰敞篷车超过了它。一人朝拉特瑙的车里扔了一枚手榴弹，另一人用 MP－18 冲锋枪向他开枪。爆炸和子弹撕碎了他的腿，鲜血从他嘴里大口喷了出来。在附近散步的一位护士赶来抢救他，但他什么话也说不出来了。他瞪着双眼想说话，然后就一动不动了。数秒的工夫，他就去世了。

因此，鲁登道夫和他的同类协助杀死了这位可能拯救德国的人。他本来可以主导一场理性的和平协定，避免让德国陷入第二次世界大战。他本来可能支付战争赔款，或者至少支付大部分。他本来能够保护犹太民族。

当局对本应该揭露真相的调查表现得无精打采。他们找来一群嫌疑人，并确认了位于第二层的元凶。但是他们只惩罚了来自底层的人。获罪的三人中，没有人被处死。多年以后，当几个杀手去世时，纳粹把他们的坟墓变成了圣地，雕塑和鲜花陈列在墓前，入葬的时候他们奏响了军乐。

之后，手持长刀的恶棍越来越靠近了。拉特瑙的妹妹伊迪斯受到了威胁。虽然德国最优秀的作家们喜爱她在安德烈别墅的客厅，而且认为她是柏林最顶尖的知识女性，她依然担忧自己的身家性命。虽然像赫尔曼 · 黑塞和托马斯 · 曼这样的名人都发誓保护她，但是，太多的人想杀她。最终她去了瑞士，与丈夫在那里度过了余生。

在鲁登道夫名望增加的同时，欧洲反犹主义风起云涌。的确，这两者是绑在一起的。

关于拉特瑙谋杀案的警方调查显示，杀手们希望他的死能引发一场内战，好让鲁登道夫重握大权——因为他被认为是惩罚犹太人罪行的最佳人选。背后挨刀的故事对鲁登道夫重新获得名望和权力起到了神奇的作用。

在新德国，像拉特瑙一样的自由派侥幸地存活着。弗兰兹·卡夫卡惊奇地发现拉特瑙竟然和他活的时间一样长。伦敦《观察家》写了一篇社论，说这位伟人的死亡就像明早的太阳一样可以被预测。英国首相甚至称这一行动为“民族自焚”。他知道，拉特瑙本可以利用自己的力量拯救德国。也知道，这位心向和平的天才一旦不再施加影响，德国可能会发生什么。

另一些和平主义的英雄也在这段时期去世了。一个宁静的下午，不走运的停战协议签署者马蒂亚斯·埃尔茨贝格在黑森林附近被几个老兵谋杀了。他曾试图告诉德国人，是鲁登道夫坚持要进行这场和谈，却毫无效果。社会主义者卡尔·李卜克内西被人从车里拖出来，后背中枪而死。激情四溢的社会主义思想家罗莎·卢森堡饱受拷打之后被杀了，尸体被扔在河里。帮助受迫害者离开德国的反战主义人士汉斯·派许被枪杀。60个士兵假装寻找危险武器而袭击了他在乡下的房子。还有其他人，其他许多人都被杀害了。

德国犹太记者、在战中服役过的鲁登道夫批评者库尔特·图霍尔斯基讲述了鲁登道夫们发挥的作用。首先，他们残害了数百万待在战壕里的人。第二，输掉战争后，他们杀掉了城市里的批评者。第三，他们设法让暗杀者逃避司法的惩罚。

第四，他们去寻找新受害者。图霍尔斯基说，这些程序不断地重复，直到德国不再适于人类居住。1922 年 12 月，当拉特瑙谋杀案的不称职调查无疾而终时，他说："过去几年，德国的政治谋杀案是有预谋、成系统的……一切从开始就很明确：有组织支撑的行为动机；通过埋伏进行的谋杀；拖沓的调查；偷懒的借口；虚弱的文辞；然后是宽大的惩罚，加上缓刑。这不是坏的司法，不是公正不足，而是完全没有司法公正。"

图霍尔斯基离开了德国，再也没有返回。对于警觉的思想者来说，这不是一个好时代。

然而，对于阴谋家来说时候正好。鲁登道夫的追随者越来越多。慢慢地，他开始组建被称为"鲁登道夫小圈子"的团体，它由相互联系的、曾经帮助过他的支持者组成。这个团体包括各色各样的人。虽然组织并不严密，但是它却有高度影响力。它包括了军事集团、预备役组织、右翼记者，还有一少部分君主制支持者。这摇摇欲坠的联合给了鲁登道夫足够的力量，使其成为魏玛共和国的首要批评者。这些成员在一方面保持了惊人的一致：他们要一起努力摧毁魏玛共和政府。

这一时期，鲁登道夫出版了标题醒目的小册子和书籍：《战争中的国家》、《鲁登道夫自己的故事》、《总体战》、《下一场战争》。有些书卖得很差，有些书卖得很好。《下一场战争》卖得很不错，它宣扬下一场战争应当是一场艰苦斗争的总体战，它应该把犹太人送进监狱或者杀掉。

他在战后著作里传递的信息是一致的。流行语不断地被重复。转述一下鲁登道夫的教义，它们是这样的：

“战争是人类的自然状态，它挖掘出一个民族最好的品质。战争没有终点，它是德国比其他国家更能胜任的伟大竞赛。和平是上次战争和下次战争之间令人烦恼的间隔。它既不值得拥有，也没有男子气概。我们德国人过去常说，战争是政治利用其他手段的延续。那样的情形已经变化了。我们生活在了一个政治为战争服务的新时代。在这个新世界里，武士们是主导者。政治家为他们服务。现代生活需要一位军事领导人，而政治家们必须为他待命。”

这就好像鲁登道夫在宣布路易十四的名言，“朕即国家”。

鲁登道夫宣扬，这种新战争需要更坚实的责任感，国内人民必须前所未有地参与到这一冲突中。它需要德国人民升级他们的储备、想法以及生存状态。他们必须纯粹、内省，而且信奉古老的日耳曼神。鲁登道夫鼓吹，基督教是劣等的宗教，它太受犹太人的浸染。他令人胆寒地说道：“你是日耳曼人，还是基督徒？”

从 1920 年到 1930 年，鲁登道夫参与了各色各样的阴谋。1920 年 3 月，他支持纽约出生的右翼记者沃尔夫冈 · 卡普。这位记者在鲁登道夫逃亡瑞典期间拜访了他。两人达成了某些一致，然后卡普搬到德国。在那里，他事实上率领一些心怀不满的士兵占领了柏林。48 小时内，他们将政府成员赶去德累斯顿。一瞬间，卡普和他的帮凶抓住了成功的机会。然后，他们宣布选择鲁登道夫为拯救国家的独裁者。

尽管自命为“帝国议长”，但是可怜的卡普没能找到跟随他们的重要支持者。卡普的部长们被证明是令人绝望的人物，公众也对由恶棍组成的政府失去了丝毫的兴趣。

魏玛共和国没有让人信赖的士兵来镇压这场政变，因为最高层对他们保持谨慎的同情。德国海军总司令,阿道夫·冯·特罗塔上将似乎更倾向于政变发动者。在巴伐利亚，右翼狂人们同情他们。据说，政客古斯塔夫·里特·冯·卡尔甚至要公开对他们表示支持。一时间，极右势力看起来似乎很支持这次政变，而鲁登道夫似乎有可能重返权力之位。

但是柏林的工人们是伟大的，他们举行了一场立刻席卷全国的总罢工。近千万人拒绝工作，差点让这个国家瘫痪。到3月17日，卡普和他的打手们发现，军队里的将军们开始反对他。除了鲁登道夫之外，他不再得到任何重要的支持。

而仅有鲁登道夫显然是不够的。

卡普和他的混混们坐车逃走了，这场政变成了一场闹剧。鲁登道夫本应该因为叛国受审，但是由于他在第一次世界大战累积的威望，政府放过了他。因此，他撤退到了慕尼黑郊外的别墅，经常徘徊在花园里，或者在德国旧神雕塑之间散步，自言自语。

1923年秋天，鲁登道夫伙同一个更有能力的恶徒希特勒在慕尼黑发起了所谓的“鲁登道夫－希特勒起义”。这是鲁登道夫夺权努力中最认真的一次。忠诚的参与者将一枚特殊的印章别在衣领上，上面写着口号“希特勒－鲁登道夫万岁！”本书的封面上列印着一枚这样的印章。希特勒和鲁登道夫训练了几百名新的暴风突击队员，他们试图引发一场革命。

这场闹剧激起了一些重要的弦外之音。1923 年 11 月 23 日夜晚，希特勒和 19 名新打造的纳粹分子走在数百名士兵的前头，带领他们朝慕尼黑市中心的一家啤酒馆进军。希特勒让鲁登道夫穿着陆军元帅的制服走在他身旁。陪同两人的还有鲁道夫 · 赫斯、恩斯特 · 罗姆以及赫尔曼 · 戈林。希特勒戏剧性地朝啤酒屋天花板开了一枪，他喊道："全国革命爆发了！这个大厅里有 600 人！没人可以离开！"

希特勒宣布，他们正在解散政府，成立以鲁登道夫为首的新政权。他告诉人们不要害怕。革命的对象只包括犹太人和"十一月罪犯"。后者是 1918 年 11 月跟协约国列强签订叛国合约的人。鲁登道夫在这里展现了惊人的虚伪，他可是最先要求签订合约的德国高层领导人之一。归根结底，他正要假装抓捕……像他自己一样的罪犯？！

经过了焦灼的 11 个小时，希特勒宣布他和鲁登道夫将致力于拯救国家。他说："我要告诉你们的最后一件事是，要么德国革命从今天开始，要么我们在黎明之前死亡。"

然后，鲁登道夫喊道："我们要前进！"他尝试领导一支小分队进入巴伐利亚国防部。但是，警察坚决阻止了他们，鲁登道夫的光荣前进持续了一分钟。

警察击毙了 16 名纳粹分子，其他人也受了伤。希特勒受伤被捕，他的同伙也被投入监狱。空军专家赫尔曼 · 戈林的腹股沟中弹，他被注射了大量吗啡。之后，打吗啡成了他的习惯，这毁坏了他的大脑。这种伤害如此严重，以至于在下场战争中，身为将军的他要为敦刻尔克和斯大林格勒的战争失败承担主要责任。

最终，德国政府审判了这些纳粹，但这场审判是对司法公正的嘲弄。法官公开地承认他十分仰慕希特勒。在 24 天的审判时间里，年轻的希特勒醉心于谈论将德国从犹太人、共产党、社会主义者、共济会等任何人手中……解救出来。对于他的著名同谋鲁登道夫，法官允许了以下伪善的辩护——鲁登道夫只是碰巧地出现在附近，尽管他穿着陆军元帅的制服！——当政变爆发，他就可以假称自己并未参与暴动。希特勒应该被以叛国罪处死，但是法官仅仅给了他 9 个月的有期徒刑。

这场危机赋予了希特勒正当性。法庭上，人们可以看见他平等地站在鲁登道夫身旁，发表让法官和狂热分子都鼓掌的演说。而且，待在监狱里的希特勒获得了宝贵时机撰写自传《我的奋斗》，这本书后来成了畅销书。

希特勒的下一步动作很老练。他说服鲁登道夫作为 1925 年总统选举中纳粹党的联合竞选人。他也乐于看到著名的鲁登道夫疯狂指责犹太人。希特勒预计鲁登道夫不会当选。但是他知道，与鲁登道夫的联盟将让纳粹党获得足够的曝光率。这会让公众更严肃地看待纳粹。这是他们需要的。当时的国家社会主义是一支不起眼的邪教。有了鲁登道夫作为竞选人，他们的事业会被当成获得德国一战中最重要的将军背书的伟大运动。

鲁登道夫的竞选对手是他的旧主兴登堡。兴登堡更受人欢迎，鲁登道夫对这位老将军的恶毒诋毁也引起他很多部下的不满。给竞选悲剧增添闹剧的是，鲁登道夫表示支持禁酒。在一个啤酒传统深厚如德国的国家，这一做法简直就是朽木不可雕也。

结果，鲁登道夫仅仅获得 1% 的选票。兴登堡凭借 48% 选票赢得了胜利。与他在世界战争里的声望相比，鲁登道夫的表现糟糕透顶。然而尽管鲁登道夫输了，希特勒也很满足。他获得了自己需要的合法性，这允许他能信心满满地往下走。

选举失利打破了鲁登道夫的平衡。历史学家不能完全确认这点，但是很多学者，比如乔治城大学的罗杰·切克林教授，说鲁登道夫在 1920 年代变得尤其易怒。

不管自己的精神状态如何，鲁登道夫开始筹备疯狂的犯罪计划。不久，他卷入了一场制造假币的阴谋。首先，他联系了一伙希望印刷法国货币再将之销往荷兰的匈牙利罪犯。这伙人里有一位匈牙利王子拉约什·温迪斯格拉提和一位军队牧师伊斯特万·扎达维次，他们和鲁登道夫一起参与了谋划。他们用 4.5 吨特殊纸张印刷了三千万法朗。印刷技术完美，墨水也使用正确。但是，一位荷兰的银行家感觉这批货币有问题，于是报了警。鲁登道夫的假币事业维持了一天。

他然后干起了算命的勾当。根据他的神秘预测，法国、意大利、俄国将在 1932 年武装袭击德国。做出这个预测不久，他警告人们说教皇参与了针对德国的敌对行动，并宣布爱国者应该奋起反对梵蒂冈。他认为希特勒没有足够彻底地抵制那些阴谋，因此很快也开始抨击纳粹。他编辑了一本小册子，给它取了一个荒唐的标题：“希特勒背叛德国人民投奔罗马教皇”。

这些年，鲁登道夫凶猛的论战和阴谋压垮了妻子玛格丽特的精神。她自从丧子之后就变得非常忧郁。她还在一本回忆录里写：“鲁登道夫的常客中有一位表情哀伤的庄重夫人。她每天都来……她告诉我，为了和他保持联系，她迫切需要知道鲁登道夫的行程……她带来厚厚的信封，并让我保证将信件交给鲁登道夫……她总是带着同样的请求来了又来，我同意了。”

之后，玛格丽特却发现她传递的是龌龊。“这些书信和政治毫无关系，而是情书。为了完成通奸，这位夫人利用了我——鲁登道夫的合法妻子——作为她的邮差……整件事表明她缺乏最基本的体面。”

这位优雅的女人承受不了同时失去儿子和丈夫的爱。她日渐衰弱。鲁登道夫利用这一状态将她关进了精神病院。为了让她安静，医生们给她服用了令人昏睡的药。他们有这种需求。鲁登道夫最不希望看到的就是妻子告诉全世界，他的犹太人阴谋论是谎言。然后，鲁登道夫编造了一个封面故事，揭露妻子是瘾君子，因而不值得信赖。他无情地与妻子离了婚，继续关押她，然后与给他送火热情书的神秘女人结婚了。她的名字叫玛蒂尔德·冯·开姆尼茨，是民粹运动中的一名精神科医生。

玛蒂尔德·冯·开姆尼茨可能是本书中性格最古怪的人。威廉·谢里丹·艾伦在《纳粹主义的萌芽期》一书中写到，玛蒂尔德最开始引诱了一位富有的年轻人古斯塔夫·冯·开姆尼茨。他们结婚生子，可是男方家庭却否认这段婚姻。不仅称他们为“混蛋”，还与他们断绝了关系。她没有退却，接着抛弃孩子与爱德华·格里奥格·克莱恩少校结婚了。这个男人后来离奇地去世。是她杀了他吗？没人知道。她之后遇见了希特勒，还试图勾引过他。但是希特勒的情报人员不仅报告了她糟糕的过去，还一起呈上了她年轻时的裸照。

出于几点原因，希特勒没有被她迷上。玛蒂尔德假装自己是学者，声称以优异的成绩拿到了神经学博士学位，然而她并没有。一些高级纳粹军官形容她像一个洋葱。如果你拨开她一层一层的洋葱皮——女人层，学者层，祭司层，爱国者层——你只会闻到一股发臭的洋葱味儿。

跟鲁登道夫一样，玛蒂尔德变成了基督教的强烈批评者。她认为基督教牧师过去曾杀害了九百万雅利安牧师，而她这样一个好巫师要努力保护自己。为了获得这一预估的数字，玛蒂尔德研究了欧洲 20 年间里被处决的巫师。她计算，如果之前的 18 个世纪里每个国家都有同样比例的巫师受到袭击，那么一定就有九百万人被烧死了。这个想法很离奇，但它事实上影响了纳粹的教条。爱荷华大学迈克尔·贝利在《欧洲的迷信》一书中写到，玛蒂尔德假称她发现了一个旨在消灭雅利安女人好让雅利安人绝种的阴谋。玛蒂尔德撰写了一本小册子《基督教对德国女人的残害》。它宣传基督教是犹太人的阴谋，耶稣是一个醉心于杀害雅利安人的可恶犹太人。最重要的是，她鄙视犹太人阴谋教导温顺——她认为这就是犹太人摧毁更强种族的方式。

她还相信，犹太人是受到西藏达赖喇嘛支配的猪。在1920年到1930年之间，她警告所有人，这些来自世界屋脊的僧侣阶层正在对欧洲实施“精神入侵”。现在，德国的雅利安人面临危险。

在引诱希特勒失败后，她认识了鲁登道夫。这位将军仍然很重要，她开始追求他。这一次她很幸运，鲁登道夫成了她进入名利场的门票和饭票。她接近他，附和着他的恐惧和预言。她并且将他的想法一一记在脑子里。她用最夸大的方式说服鲁登道夫，德国会因为他而获得重生。他将领导新德国走向荣耀。她说服鲁登道夫说，他注定要经历一个自我创造的过程，通过这一过程帮助自己发现德国真正的神祇，指引他走完漫长神秘的旅途。

玛蒂尔德推崇一种混合了尼采、康德和叔本华思想的纯日耳曼哲学。她尤其欣赏尼采的超人学说——超人在法律之上，正如鲁登道夫也视自己高于法律。如果一个有潜力的人能掌控自己，摆脱基督教的“羊群心理”，创造属于自己的卓越价值观，那么，他就是尼采学说里的超人。

玛蒂尔德和埃里希·鲁登道夫将尼采的哲学七拼八凑，模仿出一种哲学声称，新德国人的视野和权力都会跟神仙一样。德国人会成为绝对纯粹的超人——也就是，他们不会受到外国人、犹太人、共济会和基督教的污染。玛蒂尔德预见德国民族在鲁登道夫的领导下会走向伟大。这是她在新世界里摇摇欲坠的基础。

她对鲁登道夫思想的编纂根本站不住脚。它们在某些方面不过是一种混乱的组合。然而，这一过程让鲁登道夫获得了消失多年的平静。他说：“阅读玛蒂尔德·开姆尼茨医生的早期作品对缓解我内心的挣扎起到了决定性作用。”

鲁登道夫如此解释他的体悟：“我渐渐地重新意识到那些招致（德国）人民（在第一次世界大战中）溃败的有毒势力，尤其是它们中间阻碍日耳曼民族实现自由的真正敌人……我开始明白我们社会结构中的病菌……它们以超国家力量的秘密形式存在。换言之，犹太民族和罗马借用共济会会员和耶稣秩序等工具，构成了玄奥而邪恶的存在。”

玛蒂尔德教导鲁登道夫，真正的德国人应该避免相信基督教的仁爱，而且绝不帮助弱者。她牵着鲁登道夫的手回到了他们在图青（慕尼黑附近）的家。在花园里，他们被众神的雕塑包围着。自封先知的二人在这里从新宗教的幻梦中感受到了慰藉。

“人们必须也需要有一些让他们无条件服从的事。”鲁登道夫说。他预言自己将发布命令，因为他注定是要重掌权力中心的超人。他也预见许多德国人在未来会支持他。鲁登道夫觉得，一切只是时间问题，这个国家到时候就会召唤他。当新德国准备好再次发动战争时，他预见自己会成为军事领袖。

鲁登道夫们一直试图让民众严肃地看待他们。他们一度拥有了几家书店和一家出版社——鲁登道夫出版社。他们面向广大的观众发表演说。据估计，他们的支持者包括 10 万读者，外加 3 万士兵——那些加入了怀旧团体坦能堡联盟的成员。

有意思的是，玛蒂尔德与嫁给德皇威廉二世的舒耐希 – 卡罗拉赫敏王妃非常相似。赫敏也悄悄地告诉丈夫他能重掌大权、恢复德国的光荣。她邀请纳粹高层军官、圆胖的瘾君子部长赫尔曼 · 戈林参加晚宴。她像招待到访的皇室成员一样招待戈林。她给他金钱，并祝酒。“为了未来的帝国！”她鼓励说。

“为了未来的皇帝！”戈林回答。

让这些人重登权力之巅的想法并不完全是幻想。德皇、鲁登道夫和希特勒三人很相似。他们都相信《锡安长老议定书》的存在，都认同犹太人阴谋论，也都相信背后挨刀的传说。他们也支持一个补充概念——德国人不仅要痛击犹太人，还要为复仇而发动世界大战。这些人将纳粹视作“未来之浪”。确实，这一术语第一次用来形容纳粹。他们迎合了时代的精神，并且很有可能当权。

1930 年代，很多德国人朝着同样可怕的目标蹒跚而行。很多人相信人类还没有发挥出自身潜力。鲁登道夫和希特勒都相信，德国超人能管理好自己的情绪，提高本能，去创造一种更高等的人。这会产生一支领导世界的优等种族。他们理想中的超人范例就是——他们自己！

在 1914 年至 1945 年间，德国这样或那样地失去了平衡。一个例子就是两次世界大战之间存在一种连续性的疯狂，它从鲁登道夫1916年上升为实质性的独裁者开始，以希特勒1945年在地下室的自杀为终结。

然而，由于越来越少的人愿意聆听鲁登道夫，他在1930年代变得问题重重。权力转移到了希特勒身上。虽然他有巨大的缺陷，但仍然是一个手段高明的宣传家。他对大众也具有更广泛的吸引力。这段时期，鲁登道夫最多只有10万支持者，他的权力基础开始萎缩。他变得易怒，经常没事就跟老盟友发火。他与兴登堡不和；与巴伐利亚王储鲁普雷希特干架，甚至闹到法庭上；与老友提尔皮茨元帅决裂。鄙视这些退化将军的一战老兵、诗人库尔特·图霍尔斯基在一首广为流传的歌谣里嘲笑鲁登道夫：

> 埃里希，你焦虑吗？埃里希，你害怕吗？
> 你的心砰砰直跳吗，埃里希？你打算逃跑吗？
> 共济会、耶稣会，埃里希，
> 他们想要你的性命吗？多可怕啊！
> 这些犹太人变得越来越讨厌。
> 这些犹太人制造了我们的一切厄运！

鲁登道夫甚至开始与曾经的密友希特勒闹别扭。希特勒上台以后来拜访他，提出授予鲁登道夫陆军元帅，但是这个老将军不喜欢眼前的“这个小兵”——他这样称呼希勒特，而且暴躁地回应：“陆军元帅是与生俱来的，不是被授予的！”

这两人有太多相似点，他们本应该和睦相处。但是，他们谁也不向另一人屈服。而且，由于了解鲁登道夫妻子的污点历史，希特勒容忍不了她。

所以最终，鲁登道夫带着噩梦和她古怪的妻子独自生活着。他最后的哲学是如此滑稽，根本经不起推敲。有个月，他写了一篇文章说犹太人杀害了舒伯特。接着，他又宣称他们杀了莫扎特。他还继续控告他们杀了弗里德里希 · 席勒。然后，他十分严肃地指责他们杀害了玛丽 · 安托瓦内特。

1937 年 3 月 31 日，英国《曼彻斯特卫报》报道，纳粹圈子里的一小部分人依然尊崇鲁登道夫，他说不定会被要求指挥军队。《纽约邮报》对此很怀疑，它写道：“温和一点说，鲁登道夫是个怪人。”这份报纸认为他显著增添了附着于第三帝国的精神失常的氛围。

也许鲁登道夫能够通过某些方式重获权力。希特勒总说，他对于鲁登道夫在 1920 年提供的支持表示感激。那时，鲁登道夫让希勒特变得看起来受人尊敬。因为纳粹的小圈子里充满了精神病患者、疯子和傻瓜，鲁登道夫的疯狂并不成问题。确实，希特勒内阁里大概只有一个相对正常的人——建筑师阿尔伯特 · 斯皮尔，甚至连他也杀戮了许多为他盖房子的奴隶劳工。

但是，鲁登道夫不能没有玛蒂尔德，希特勒又不能容忍她。所以，纳粹们最终忽略了鲁登道夫。希特勒甚至命令德国的新闻界不能刊登他的任何文章。

到最后，鲁登道夫只剩下很少的跟随者。傲视世界的他下场悲惨。1937 年 12 月 20 日，在慕尼黑附近的一家医院里，因肝病住院的鲁登道夫于睡眠中死去了。批评者讥讽，他身体的其他部分也染病了，尤其是他的脑子。讽刺的是，他死于一家天主教医院。在他生命的最后几个小时里，照顾他的是几位温柔的修女。人们希望他没有向她们宣讲教皇如何试图毁灭德国。

虽然希特勒和鲁登道夫的关系不怎么好，但他指示要为后者举办一场盛大的国葬。美化鲁登道夫就是赞扬纳粹党，因此，德军军乐队举行了庄重的游行。党卫队将他的遗体抬上巨型灵床，他们把奖章铺在了天鹅绒垫子上，黑骏马拉着棺材驶向坟墓。这是一个动人的场面。

唯一令人吃惊的是，鲁登道夫的棺木上盖着一面已作废的老普鲁士战旗。它完全过时了。希特勒的万字符标志并没有出现在葬礼上。对于一些观察者来说，这暗示着告别过去，但可悲的是，很多人并未注意到这一点。即便在他扶持过的纳粹党里，这位曾经风光无限的将军也没有朋友。

葬礼上，德国军乐队演奏了一首情感充沛的军事歌曲《好战友》。它改编于 1809 年的一首诗歌，一个战士通过此诗悼念他最亲密的战友：

战争中，他是我的战友。
我没有比他更好的朋友。
鼓声召集我们去战斗，

他总是跟我在一起，
和我一道前进。
但是一颗子弹朝我们飞来，
是会射中他还是我？
他倒在了尘埃里，
而我丧失了一部分的自己。

这首歌曲给人一种印象，战士们与鲁登道夫是朋友，他是他们很喜欢的好伙伴。演奏这首歌时，卫兵敬了礼。

希特勒和他的暴风突击队员一起参加了葬礼，人们期待他在棺材沉入泥土时发表演说。据说，希特勒悄声地说了一句："再见，英灵殿之子！"然后，棺材就下沉了。但是，这个故事跟许多与鲁登道夫有关的故事一样，是不真实的。希特勒一个字也没说。很难想象希特勒会说什么。他和鲁登道夫在哲学上相似，但是他们互不喜欢对方。他们要求德国赢得世界大战、消除犹太人，但是彼此互不信任。

在鲁登道夫死亡这件事上，美国媒体表现出了宽容。1938年1月17日，《生活》杂志长达数页的讣告赞扬鲁登道夫是德国战时最杰出的将军，完全没有提到他的谎言和罪行。也没有提到，他在1916年延迟了战争的结束，他使战争伤亡人数翻倍，他的战败也被一笔带过。这篇文章说，鲁登道夫跟罗伯特·李一样伟大。这就好像在说本尼迪克·阿诺德跟乔治·华盛顿一样杰出。作为历史上最差劲的人之一，他就这样带着荣誉走进了棺材。

1999 年，纽约城市大学的博士候选人史蒂芬 · 奈福茨格来到鲁登道夫的埋葬之地、巴伐利亚的小城图青。他告诉年轻的德国朋友们他正在研究鲁登道夫，朋友们说从未听说过此人。但是父亲们知道。

“只有父亲们知道这些事。”一个人说。

然后，奈福茨格去镇上的三块墓地寻找鲁登道夫的墓穴。他在最后一块墓地的角落发现了鲁登道夫的墓址。那里矗立着一块 7 英尺长的纤细青铜墓碑，上面有把剑和一张被风化的脸。藤蔓爬满了墓碑，奈福茨格看不出来有人访问过这墓地。没人看护这块地基，没有人留下鲜花，没人在乎。

奈福茨格拨开了斑驳碑面上的藤蔓，却失望地发现上面只有鲁登道夫的名字和生卒年份。它压根没有提供关于他一生命运的细节。这位本世纪大事件的主要参与者、唯一一位在两次世界大战中都发挥重要作用的将军，身后没有留下任何足迹。

他在德国的任何地方都没有纪念碑。奈福茨格来到鲁登道夫的旧宅敲门询问，这幢房子的房东承认屋子里面有一个私人纪念碑，但是他不愿意展示。奈福茨格写道：“很奇怪，在不到两代人的时间里，这个曾经掌握了德国（以及世界很多地区）命运的人物……竟然变得鲜为人知。”

鲁登道夫曾经是继腓特烈大帝之后德国最有权势的人，现在却不为人所知。在屠杀 600 万犹太人一事上，他扮演了必不可少的角色。然而大多数历史学家都将他回避了。他的谎言被遗忘在一个无人参观的隐晦墓地里。

也许，德国人必须忘却此人和他的所作所为。他们可以把希特勒当作一个底层社会的疯子而摒弃。希特勒身上并不存在多少真正的日耳曼性格，人们也无须对他负责。然而，促成希特勒崛起的鲁登道夫却无法用这样的方式被人们抛弃——他确实根本无法被摒弃。鲁登道夫来自德国最上层的权力阶层，他的军衔不在任何人之下。他是政府的中心，也是德国一战经历中不可缺少的人。他毋庸置疑地造成了数百万人的死亡，他残害了很多国家，促成了俄国革命以及两次世界大战。在一段时期，这个人就是德国。数百万德国民众接受了他的思想，并为之赴死。

当鲁登道夫输掉第一次世界大战时，德国人欣然接受了他的背后挨刀传说，用它来解释失败。这个传说成为了 1920 年代毁灭魏玛共和国、1930 年代残害犹太人以及 1940 年代发动新世界大战的共同基础。在二十世纪里，还有人比他引起过更多的伤害吗？如果有，我们不知道那个人的名字。因此，我们必须要清楚地了解鲁登道夫的所作所为。

值得一提的是，1920 年代末，中国政府询问鲁登道夫是否愿意来中国训练国民军。

中国人在这件事上选择甚少，由于选择面太窄，他们不得不选一个德国人。虽然中国政府与苏俄建交，但他们之间事实上并不友好。因此，俄国将军不能被邀请。

英国拥有优秀的将领，但每一位都受到英国外交政策的制约。在中国，英国的外交政策被认为过于强硬，干涉性太强。

法国人在军务上的能力自 1815 年拿破仑滑铁卢战败之后就不被看好。

美国人可能非常优秀，比如六星上将潘兴在第一次世界大战中表现卓越。但是，中国人对美国近代通过的排华法案依然非常愤怒。发生在美国西部真实的大屠杀也是愤怒的源泉之一。在西部，“中国人的机会”意味着毫无机会。

因此，邀请一位德国将军似乎成为了唯一选择。于是，他们邀请了鲁登道夫。

这项邀约看起来有吸引力。不知道出于什么原因，广东中山大学校长朱家骅博士对鲁登道夫的候选资格非常有热情。

但是，鲁登道夫觉得自己可能会引起太大争议，便拒绝了邀请。他如今也被确认为种族主义者。作为德国军事典型人物，他认为所有的中国人和日本人都是“劣等种族”，他对二者不屑一顾。有记载的文件显示，鲁登道夫和纳粹同伙称，像“黑种人和中国人”这样的人不能参与国家生活，这就是他的态度。

于是，这一职务邀请被鲁登道夫手下的马克斯 · 鲍尔将军接受。鲍尔离开自己工作多年的营地前往中国，不久中毒身亡。

有意思的是，中国政府曾经试图启动一个培训项目。德国军官为第 88 旅训练了很多士兵，他们后来成为第二次世界大战中对日作战的主力。蒋介石的几位部下来到德国学习军事技艺。蒋的一个儿子还成了 1930 年代希特勒军队里的观察员。在德国入侵波兰的战役中，他坐在希特勒的一架高级坦克上，被敌军的神枪手射中。

这一切事件里的致命错误其实是一个简单的事实：大部分德国人鄙视大多数亚洲人。有趣的一点是，德国人脑子里的这个错误想法可能让他们输掉了第二次世界大战。1941 年，当希特勒入侵俄国时，这一点变得明朗。

1941 年，如果希特勒与日本人关系良好，在他的世界版图计划里将日本人视为平等的主体，他或许能说服日本人与德国同时入侵苏联。那么，斯大林就面临两线作战：日本人在东线攻击他们，德国人在西线入侵。这样，斯大林很可能被摧毁。

而事实是，当希特勒和部下入侵苏联时，他们不信任、也不怎么喜欢日本人。他们甚至没有将入侵这回事通知给日本人。希特勒入侵苏联让所有的日本人都吃了一惊，德国人根本没有给他们商量的余地。当斯大林的间谍稍后告诉他，日本人并没有入侵西伯利亚的计划，斯大林才抽调出西伯利亚部队去西边与希特勒作战。

包括本书作者在内的一些作者倾向于相信，如果德国人没对日军的（被断言的）无能抱有那么顽固的态度，或许他们能说服日本人一同作战，让斯大林陷入两线战争。那样，斯大林将不会有多大胜算。

第十一章

鲁登道夫和他的事业

纳粹分子从德国一战后的灰烬中崛起，他们谴责魏玛共和国在 1918 年 11 月签订停战协定，以及同意《凡尔赛条约》中繁重的战争赔款。他们鼓励民族主义、反自由主义及之后的反犹主义——三者都造成了灾难性的后果。

今天，纳粹主义和历史上最糟糕的事件相联系，并且被等同于人性最阴暗的部分。但是，为什么我们称埃里希 · 鲁登道夫是“第一个纳粹”呢?

芭芭拉 · 塔奇曼在她获得普利策历史奖的《八月炮火》一书中写到，虽然鲁登道夫被赋予了继腓特烈大帝以后无人能及的权力，但人们对于他的描述是不完整的，这个人依然是一团谜云。因此，为了理解鲁登道夫，我们必须拼凑起他留下的稀少的线索和证据。

对于任何一个历史人物来说，我们通常都从其家庭背景中获得线索，然而鲁登道夫没有真正意义上的家人。他第一段婚姻里的两位继子死在了鲁登道夫攻势里。他们的死亡令他悲伤，他将孩子们的尸体安放到柏林一所教堂的庄严墓穴里，然而这就是他所做的一切。第三位继子参与了 1923 年那场失败的希特勒－鲁登道夫政变，但是，那个男孩后来也从人们的视野中消失了。

研究鲁登道夫其他的家庭成员没有告诉我们太多有用的东西。著名美国记者门肯研究了鲁登道夫的每个兄弟。一个叫理查德的兄弟住在荷属西印度，当联系到他以后，他表示关于鲁登道夫没有什么可说的。另一个兄弟尤金是亚琛的政府公务员，门肯也没能从他那里获得任何材料。第三个兄弟汉斯 · 鲁登道夫研究古代玛雅人的天文学，并成为了一流的宇航员。一些人怀疑，他选择这一冷门的职业是否是出于故意与兄长保持距离的目的。他从不讲述自己的兄弟，并埋首于故纸堆。他最好的著作是为小行星和恒星编纂目录，其中还穿插了哥伦布到达美洲之前的玛雅人轶事。他只有一本著作被译成英文，被安全地收藏于伟大的哈佛档案资料馆里，别的地方几乎没有副本。

鲁登道夫的姐妹雅恩夫人嫁给了德国财政部的一位官员。但是，当她嘲笑鲁登道夫针对共济会的阴谋论时，鲁登道夫就与她断绝了关系。她告诉他，共济会成员是无害的，而鲁登道夫坚持他们嗜血。他甚至写了一本 82 页的小册子，警告这些人很危险。小册子里说，纽约顶级共济会成员说服了伍德罗 · 威尔逊向德国宣战，这导致鲁登道夫输掉了战争。这本小册子差不多卖了 10 万份。

鲁登道夫的第一位妻子玛格丽特 · 佩尔内是一个工厂主的

正派闺女。她曾尝试成为鲁登道夫的贤内助。但是在鲁登道夫的影响下，她变得忧郁，还染上了毒瘾。他们离婚后，鲁登道夫将她安置在了一所精神病院里。她像囚犯一样被关押，被人下药，死时年仅 61 岁。我们并不知道她的秘密。

鲁登道夫似乎更喜欢第二任妻子玛蒂尔德·冯·开姆尼茨。我们知道，他很感激她整理自己的思想。她将他讨伐犹太人、共济会、天主教和其他基督教会的长篇大论整理成了文字。她疯狂地相信犹太人正在袭击德国，而他们背后的力量是达赖喇嘛。事实上，似乎是她让鲁登道夫相信纽约共济会促成了美国在 1917 年向德国宣战。也是她综合了鲁登道夫的宗教观，帮助他变得更加反基督教。

玛蒂尔德想出了蛊惑人心的口号“你是基督徒，还是德国人？”然后，她开发了鲁登道夫对日耳曼旧神的喜爱，尤其是对沃登的敬仰。第二次世界大战之后，她假装自己和丈夫反对纳粹，尽管鲁登道夫曾在 1925 年总统选举中作为纳粹的联合竞选人领导他们。她发起了一个推销自己宗教信仰的学院——神灵知识基金会。但是，西德政府为了消灭新纳粹主义于 1951 年 1 月 8 日关闭了它。她假装自己和丈夫都从内心里反对纳粹。但是检察官认为，他们是帮助希特勒当权的主要工具。

总之，我们对鲁登道夫的两位妻子了解甚少。鲁登道夫的第一位妻子写了一本回忆录，但她用词谨慎，唯一醒目的只是她对玛蒂尔德的批评。

如果我们能从鲁登道夫父母和祖父母那里获得信息就太棒了。之前已经总结，他的家里人无法提供什么消息。鲁登道夫的父亲很爱国，家里充满了关于德国 1866 年大败奥利地和 1870 年击垮法国的书籍。当时的大多数德国家庭里都可能有这些印刷品，所以它们出现在鲁登道夫家里并不令人惊异。

因此，我们再一次面对一个没有影子的人。要评价鲁登道夫的一生太复杂，因为他太狡猾，总是杜撰跟自己有关的传说，不断变化其中的内容。有一个事实傲然挺立：埃里希 · 鲁登道夫将军比同时代的任何人都造成了更深远的损害。墨索里尼和希特勒当然很重要。然而，鲁登道夫的影响力并不远逊于他们。一战中，他推动毒气战，在占领区实施跟种族灭绝不相上下的行动，当可以妥协时，他却坚持彻底取胜。这一切增加了人民的痛苦和煎熬。1917 年，当他将列宁送上那节密封车厢时，一场席卷世界的共产主义运动就此拉开了序幕。

鲁登道夫编出的背后挨刀传说为推翻魏玛共和国提供了理由，这对希特勒上台不可或缺。可敬的霍尔加 · 赫维格称这个传说是“通往奥斯维辛集中营的第一步”。我们确信这一说法是真实的。

体现鲁登道夫惊人影响力的一件事发生在他死后的 1940 年代第二次世界大战期间。1943 年 1 月的卡萨布兰卡会议上，罗斯福和丘吉尔达成一致，在战争结束后，他们应当让德国人永远不能再假装自己未曾失败。正如罗杰 · 切克林总结的，“罗斯福和丘吉尔了解，德国在一战中并没有输得很响亮。他们希望让每个德国人都知道，德国已经在第二次世界大战中无条件战败。”1943 年，这样的想法很有道理。但是，两位伟人可能也在无意中因它而延长了二战的时间。英国军事史家富勒指出，“无条件投降让德国反对希特勒的人不再发声，他们像输血一样为战争再续了两年生命”。

德国空军元帅阿尔伯特·凯塞林和国防军元帅埃里希·冯·曼施泰因同意这一看法。哈索·冯·曼托菲尔将军对卡萨布兰卡会议宣言如此回应：“我们必须在绝望中鼓起勇气，苦战到底。”他还说：“无条件投降的要求用让我震撼的方式将工人和战士团结了起来”。由于这个要求，协约国变成了以下思想的俘虏：为了避免背后挨刀传说的再一次流行，他们必须彻底打败德国。

1944 年 7 月 20 日，一位德国上校试图用一箱炸药暗杀希特勒。之后，党卫军收集了几乎所有持不同政见者的卷宗，他们发现 4000 多人——各种有智慧、权力、地位以及影响力的男人和女人们——都希望与英美谈和。但是，卡萨布兰卡会议确定的无条件投降主义让协约国情报人员无法再和这些人谈判，这些持不同政见者不得不保持沉默。很多人必须死。

事实证明，由于鲁登道夫的背后挨刀传说引发了第二次世界大战，协约国确立了无条件投降主义，它让二战结束的时间至少延长了一年，可能也因此导致了太平洋战区的血战以及广岛原子弹事件——虽然指出这样的联系可能会引起争议。

我们必须指出，协约国坚持让纳粹无条件投降一事加速了让日本无条件投降的动议。但是，日本人不能这样做，因为无条件投降很可能让他们失去受人爱戴的天皇。因此，他们必须继续作战。这使得美国人丢下原子弹，迫使他们投降了。

1945 年春天，纳粹正在崩溃，同盟国要在莱茵河上寻找一座桥来运送坦克和装甲队进入德国核心区。在一个叫雷马根的地方，一座未毁于战火的桥正合适。上帝在这里玩了一把幽默：当地人称此桥为“鲁登道夫桥”，因为这是鲁登道夫一战时为了便于发起进攻而修建的桥。鲁登道夫在 1916 年差遣俄国战俘修建了它。1945 年 3 月 7 日，因为美国人的靠近，希特勒下令炸毁这座桥。他的士兵在桥体上放置了巨型爆破装置。然而，美国第九装甲部的一辆坦克炮弹幸运地切断了导火索。电荷被中和，接着它们向上涌向英勇的美国大兵，也杀死了目之所及的德国人。桥体保住了。希特勒很生气，像往常一样无能地准备使用蛙人、大炮和火箭继续炸桥。现在，通向德国的通道被占领，这片土地为同盟国军队打开了大门。

德国将军得知美国人通过鲁登道夫桥跨过了莱茵河，他们知道德国已经输了战争。同盟国朝着这个国家的核心区挺进。攻克鲁登道夫桥象征着第三帝国的沦陷。

鲁登道夫的名字成了世界大战终结的一个符号，他曾经给世界带来了多么毁灭性的结果。

尽管他作恶多端，鲁登道夫至今没有被人们声讨。希特勒和斯大林都因为自己的罪行而受到了民众的指责，但是鲁登道夫却被遗忘在巴伐利亚的一块墓地里。他屠杀了数百万人，却依然在美国不为人所知，这是由几个原因造成的。第一，对于20世纪初期的欧洲，美国年轻一代并不了解。1920和1930年代，当鲁登道夫和希特勒正从事最具毁灭性的工作时，美国保持了光荣孤立。这增加了迷惑。而且，两次大战之间的价值观极为混乱。列宁和克伦斯基的例子最有启发性。克伦斯基给俄国带来了第一个自由政府，俄国女人在欧洲被率先赋予选举权，俄国开始走向民主之路。然而，普通的美国体育明星都比他有更高的知名度。当克伦斯基1970年去世时，很多人不知道他是谁，知道他的少数人又鄙视他。他几乎被匿名葬在了伦敦，他在美国的俄国流亡人士圈子里并不受欢迎。

同时，列宁被赋予法老一样的地位，躺在莫斯科市中心一座豪华的坟墓里。每年，一百多万尊敬他的人来参观他那被保存完好的遗体，他身上穿着伦敦进口的订制西服。

鲁登道夫从来没有因为延长一战、使用毒气、资助列宁上台以及杀害德国政治家（1918年在他要求下签署停战协定的人）而受到指责。他将人们推向了第二次世界大战的深渊，却从未因此受到任何责难。

令人惊讶的是，鲁登道夫和他的圈子十分善于传播有利于自己的虚假信息。在1930年代，鲁登道夫和他的助手们编造了大量谎言以提升自己的公众形象。一些近代史学家都被欺骗了。在一封1933年据说由鲁登道夫拍给兴登堡的电报中，鲁登道夫警告将希特勒纳入政府的兴登堡：“您任命希特勒为帝国总理，等于把神圣的祖国交给了历史上最强大的煽动家。我向你预言，这个邪恶的人会将我们的帝国拽向深渊，让民族遭受无尽的痛苦。由于这一行动，未来的人们会在你死后依然诅咒你。”

这封电报让鲁登道夫变成了一位先知，他无私地为尊重真相而放弃过去的想法。他成了死时变得明智的疯子唐吉诃德。但是问题在于，那封电报是假的——几乎可以肯定，它是鲁登道夫和手下为了赎回声誉而捏造的文件。兴登堡庞大的档案里并没有这一电报的副本。他的阵营里也没有人见过这份电报。历史学家没有确认过它的存在。然而，仍然有一大把重要的历史学家认为它真实存在。甚至连史蒂芬·塔克在他 816 页的巨著《第一次世界大战中的欧洲强国》中也宣称：“当 1937 年 12 月 20 日鲁登道夫在慕尼黑去世时，他警告了希特勒的暴虐。”

一流的学者塔克不是唯一持有这样看法的人。纳粹专家伊恩·克肖爵士起先相信鲁登道夫反对希特勒的立场，他在自己的好几本著作中提到了这一点。后来，他终于意识到这是个谎言，便纠正了错误。在之后发表的著作中，这封伪造的电报没有再出现。然而，对于其他不如克肖经验丰富的人，这封电报替鲁登道夫洗白了污点，减少了世界对他卑劣行径的认识。

少有人了解鲁登道夫暴行的最终原因是，二战距离一战太近，历史学家很难花时间彻底研究两次大战之间的问题。约翰·艾森豪威尔将军（德怀特·艾森豪威尔将军的儿子）曾经争辩道，要让一切尘埃落定、得到一份关于战争如何开始的完整分析，起码得花费三十年。对于其他战争来说，历史学家有时间做出完整的评价。但是，由于第二次世界大战紧随第一次世界大战而来，历史学家们的焦点集中在了希特勒和纳粹身上。

二十多个国家联合起来才消灭了希特勒。1945 年战争结束后，德国成了美国的盟友，美国历史学家从未真正地检查德国全部历史档案的细节。他们将德国当作一个新的民主国家，视希特勒为 1930 年代的畸变。历史学家罗德 · 帕斯卡尔、威斯康辛麦迪逊大学的军事史家爱德华 · 考夫曼以及韦德历史学会的编辑们都同意这一点。关于二战的大量信息淹没了任何对鲁登道夫和一战的冷静考察。

这令人遗憾，因为鲁登道夫的命运是了解德国以及整个 20 世纪的关键。实际上，如果不了解鲁登道夫，没有人能真正了解希特勒这位属于另一世界的人。鲁登道夫留下了许多传统，它们促成了希特勒的崛起。有多少人理解，是鲁登道夫提出了犹太人大屠杀的逻辑依据？

正如英国历史学家休 · 特吕弗 · 罗珀曾论述的，“历史不只是关于发生了什么。它是在可能发生什么的情境下真实发生的事情。”因此，为了完全理解鲁登道夫的遗产，让我们想象，如果这个人从不存在，我们可能拥有怎样的世界。让我们想象，他在 1914 年一战最初阶段就在比利时被枪杀了。倘若如此，上世纪的历史可能会发生重大改变。

如果没有鲁登道夫，列宁可能会待在苏黎世。共产主义可能会在到达俄国之前就半途而废。俄国人可能会拥戴克伦斯基，建立一个昌盛的民主国家。在给共产主义经济学家耶夫基尼·普列奥布拉任斯基的一封信里，托洛茨基写道："你比我更清楚，如果列宁没有到达圣彼得堡的话，十月革命就不会发生。"

或许，在1916年，没有人会像鲁登道夫一样希望取得全面胜利。或许，人们能更早达成所有人都愿意享受的、更温柔的和平。如果是这样，欧洲就不会出现那么多王朝崩溃，尤其对俄国而言。战争可能会更早地结束，欧洲可能不会遭遇那么严重的覆灭。

如果没有鲁登道夫，就可能没有希特勒，因为鲁登道夫的背后挨刀学说对希特勒的阴谋不可或缺。另外，1925年，鲁登道夫与希特勒联合参加德国总统竞选给了希特勒本来缺乏的合法性。他很可能就不会上台执政。

因此，我们必须强调，这个人几乎与希特勒、斯大林具有等同的重要性。如果没有他，第二次世界大战还会开始吗？那是一场"不必要的战争"，正如丘吉尔所说，它是一场本来不需要发生的战争。如果没有鲁登道夫编造的神话传说——它让希特勒的信仰变得貌似有理，纳粹们可能就消失了。

很多对第二次世界大战的分析都倾向于从希特勒开始。很多人假定纳粹主义是从希特勒开始的。但是，实际上是鲁登道夫释放了希特勒成功必需的社会、军事及政治力量。正是由于鲁登道夫对希勒特等人的根本影响和他的罪行造成的毁灭性结果，我们从抽象的意义上认为，第一个纳粹是鲁登道夫。

历史学家没有真正看清鲁登道夫是怎样的人，这基本上也不是他们的错误。互联网流行之前，我们没有足够多的渠道接触到众多历史档案。直到最近，我们才有可能将埃里希·鲁登道夫公允地置于历史的名人堂中。这些人不仅影响了一战中的德国大事件，而且还为二战的发展及西方文明的整体演变带来了更深远的影响。

一战时间表

1914 年

6 月 28 日：奥地利大公在塞尔维亚遇袭。

7 月 5 日：支持奥地利的德国向塞尔维亚发出最后通牒。

7 月 23 日：奥地利和塞尔维亚协商，奥地利对结果不满意。

7 月 31 日：德国发觉俄国支持塞尔维亚。

8 月 1 日：德国对俄宣战。

8 月 3 日 –4 日：德国对法国、比利时和英国宣战。

8 月 4 日：德国依照一个不可能实现的严格时间表侵略比利时。

8 月 4 日 –16 日：德国在比利时停滞不前，严格的时间表被打破。

8 月 17 日：俄国率先进攻德国。

8 月 23 日 –30 日：坦能堡之役。德军认为这是一个伟大胜利。但是，德国到处深陷泥沼，冲突演变成一场德国不可能取胜的消耗战。

1915 年

4 月 22 日：德国使用毒气造成了巨大伤亡。

5 月 7 日：德国人发起无限制潜艇战，激怒了美国人。

9 月 11 日：英国人着手开发军用坦克。战争变成了无理由、无意义的屠杀。

1916 年

2 月 21 日：凡尔登战役开始。100 万人死亡。

6 月 4 日：为了摆脱战争，俄国人奋力发起布鲁西洛夫突破。双方几乎各损失 100 万人。

8 月 29 日：兴登堡成为总参谋长，鲁登道夫成为总军需官。二人牢牢地紧握大权，让德国皇帝黯然失色。

1917 年

1 月 19 日：经过齐默曼电报和鲁登道夫引进的无限制潜艇战之后，愤怒的美国对德国宣战。这是鲁登道夫至今为止最大的惨败。不久，“美国人就要来了”。

3 月 15 日：俄国政府倒台，拥有 300 多年统治历史的王朝终结。

4 月 16 日：鲁登道夫将列宁送入俄国。

6 月 25 日：美国战士大幅度提前到达欧洲。他们很快以每月 10 万人的增速抵达。鲁登道夫拒绝理解这是一个彻底的灾难，他命令封锁任何美国兵来到欧洲的新闻。

7 月 1 日：克伦斯基试图遵守俄国的战争义务，发动克伦斯基攻势。

7 月 19 日：克伦斯基攻势破产，俄国军队溃败。

11 月 1 日：俄国十月革命爆发。

11 月 20 日：英军首次在战斗中使用坦克。德军四散而逃。

12 月 –1918 年 3 月：鲁登道夫试图强迫俄国在布列斯特 – 立托夫斯克签订侮辱性的和平条约。

1918 年

3 月 2 日：德国人在东线进攻，威胁基辅。

3 月 3 日：托洛茨基含泪签订和平条约。

3 月 21 日 –8 月 6 日：鲁登道夫发起鲁登道夫攻势。

3 月 26 日：法国福煦将军被任命为协约国最高统帅，在任由德军前进的同时，他发起了全面反击。

7 月 17 日：美军袭击蒂耶里城堡。

8 月 6 日：鲁登道夫发动最后一场进攻，行动失败。

8 月 8 日："德国军队的黑色日"。德国士兵醉酒、不服从命令、愤世嫉俗，他们向正在前进的部队喊着降低士气的口号。他们只想回家。

8 月 21 日：协约国在各处攻破了德国防线，鲁登道夫只能考虑权宜之计。

9 月 30 日：德国的盟友保加利亚投降。

10月：鲁登道夫变得反复无常，他一会儿乐观，一会儿绝望。最后，他破天荒地递交了辞呈。10月29日，德国皇帝打算接受他的辞职。有趣的是，兴登堡并未表示异议。

10月17日：协约国突破兴登堡防线。

10月29日：德国海军叛乱。

10月30日：德国的盟友奥斯曼帝国投降。

11月4日：德国的盟友奥地利与意大利议和。

11月9日：德皇退位。

11月10日：奥地利国王查尔斯一世退位。

11月11日：在第11月第11天的11点，战争结束了。人们称它为“结束所有战争的战争”，然而士兵如今称它为“终结所有人类的战争”。

11月–1919年1月：鲁登道夫戴上金色的假发逃离了德国，他开始写回忆录传播背后挨刀的传说，并且将自己的所有错误都推给犹太人。

1919年

1月18日–6月28日：协约国与德国商议了一场条件严苛的和平协定，但它并不比德国施加给俄国的布列斯特和约更糟糕。6月28日是费迪南德大公遇难五周年的日子，双方在萨拉热窝签署了和约。

1月以后：鲁登道夫策划复仇、支持希特勒、像疯子一样咆哮。总之，他为纳粹辩解，为他们争取声望，并通过背后挨刀的传说让他们更容易被信赖。这一切为第二次世界大战的爆发铺就了道路。

人物表

费迪南德大公

弗朗茨·费迪南德大公访问萨拉热窝是战争的导火索。以下是详细过程：

（1）费迪南德很重要。他是奥匈帝国的继承人。

（2）但是他与一位平民结了婚。

（3）皇室不同意这场婚姻，也丝毫不尊重他的妻子。

（4）确实，在一些重要场合大公夫人都不被允许坐在他身边。

（5）他唯一能带她享受美好时光的机会，就是作为总督军在外检查部队的时候。她能够在这些旅行中享受到一位高贵夫人的待遇。

（6）1914 年 6 月 28 日，他们前往萨拉热窝检阅部队。

（7）费迪南德看起来高大伟岸。由于被缝进制服里，他的身材显得很苗条。

（8）一个叫普林西普的青年学生向他射击了两颗子弹。由于医生花费太多的时间解开制服，费迪南德去世了。

(9) 由于费迪南德的死亡，奥地利人向塞尔维亚宣战。俄国支持塞尔维亚，它也向奥地利宣战。德国支持奥地利……然后，多米诺骨牌开始倒下。这里需要注意的一点是，德国希望与俄国开战。德军专家告诉德皇，俄国变得强大了——如果不在 1923 年之前向它开战的话，俄国将会变得无坚不摧，具有毁灭德国的能力。

贝恩斯托夫

干练的海因里希 · 冯 · 贝恩斯托夫伯爵是熟知美国资源的德国驻美大使。他不断告诉德国人不要与美国开战，却毫无效果。多数德国人认为美军微不足道，因而也不重要，但是这种心态对于像德皇以及希特勒这样的德国人来说是致命的。贝恩斯托夫试图说服人们相信美军的重要性，但他失败了。他最终放弃了德国，搬到瑞士。德国花了两次世界大战的代价才明白要尊重美国。从学习的角度，这个教训来得太迟了。

贝恩斯托夫与一位德裔美国人结了婚，她教给他关于美国的知识，也让他变得务实。他写了两本回忆录。作为一名积极的亲英派，他嘲讽俾斯麦的马基雅维利风格。希特勒鄙视他。当希特勒上台的时候，幸好这位外交官已经开始流亡了。

布洛赫

让 · 德 · 布洛赫是一位欧洲预言家，他意识到在 1914 年没有哪一方能赢得战争。陷入僵局是注定的事。防卫的力量是如此巨大，以至于攻守双方都不可能赢。面对1000英里的铁丝网和机枪炮火，人们怎能依然勇敢？请注意，只有丘吉尔深刻地了解这一点，因此他推动了坦克的研究进展。坦克这项发明解除了敌军包围。

布鲁西洛夫

阿列克谢·布鲁西洛夫是被遗忘的协约国英雄，也是丘吉尔唯一捧上天的俄国将军。他针对奥地利人发起了一项天才的进攻，将他们彻底击溃，以至于奥军从此以后不再具备进攻的力量。如果得到足够的支援，他本可以让俄国免遭革命。当革命确实爆发后，他开始为革命者工作，并且表现出了非凡的才干。要了解更多的故事，请参考丘吉尔关于俄国前线的书籍《被遗忘的战争》。奇怪的是，他将自己的回忆录《一个战士的笔记》献给德国皇帝。而皇帝作为回礼，也将自己的回忆录献给了布鲁西洛夫。

凯斯门特

罗杰·凯斯门特爵士是一位卓越的英裔爱尔兰斗士。同时代里，没有人在保护美国南方印第安人的事业上取得了比他更大的成就。确实，他于水火之中拯救了数以千计饱受磨难的秘鲁印第安人。之后，他尝试招募德国的爱尔兰战俘，组成“反叛旅”争取爱尔兰独立。他被英国人捕捉并处死。通过证明凯斯门特是一个想和南美洲、南非男童上床的变态，英国人抵消了他为德国及爱尔兰图谋的事业。

丘吉尔

温斯顿·丘吉尔在第一次世界大战中的工作没受到重视，还被误读。他设计了一个消灭德国盟友的计划——送远征军去加利波利打击土耳其。这一计划很美好，但是它因为用错地方而失败。他们遭遇了土耳其现代历史上最伟大的人物穆斯塔法·凯末尔·阿塔土克。他告知士兵："我不命令你们战斗。我命令你们死。"之后，丘吉尔想出了运用坦克的战略。这一战略成功了。他一直强调，共产主义是应当被根除的瘟疫，他希望后期的协约国入侵俄国。但是人们觉得他太狂热，直到很久以后才给予他足够的尊重。

要想更好地理解丘吉尔，请参阅他撰写的小说《萨伏罗拉》，这本书泄露了他的内心世界和性格。总之，丘吉尔是20世纪最令人印象深刻和成功的人。一个难解之谜是，他经常认为自己是个失败的人。这可能是因为，当美国人让他捉襟见肘的时候，他还得主持清算大英帝国的资产。

克里孟梭

乔治·克里孟梭是当时最伟大的法国人。他是一个稀有的存在，是一位了解美国的法国人。他曾在美国居住，甚至与自己当时的学生结了婚。他也在美国当过记者。他完美地打了一手美国牌，将法国凝聚在一起，直到美国大兵的到来。他克服的困境包括法军的局部叛乱、英法矛盾和俄国的崩塌。他就算失去巴黎也会将战斗进行到底。而鲁登道夫不知怎的似乎从来没有认识到这一点。

康拉德·冯·赫岑多夫

弗朗兹·康拉德·冯·赫岑多夫将军是奥地利高级将领，也可能是轴心国最被高估的军官。他从未意识到自己的国家已是一具腐烂的尸体，他也从未抵抗过德国盟军的任何嗜血要求。令人不解的是，他一直享受着正面积极的声望。

杜勒斯

艾伦·杜勒斯是一位经验丰富的外交官。身为观察家，他经常表现优异。他早期在瑞士的经历，无论是一战之间还是之后，都让他获得了极大的优势。他是在美国大使馆接到列宁电话的人。不久之后，列宁就被鲁登道夫送去俄国。他后来成了中央情报局的间谍，并一手扶持了这个组织。因为他的兄长是国务卿，中央情报局在早期从未受到充分的监管。这些不幸的融合意味着，这个组织在没有纪律监督的情况下成长了起来。他的事业大部分是成功的。至于朝鲜战争，虽然韩国总统李承晚警告说战争就要来了，杜勒斯也从未感知到它的临近。在古巴的猪湾，他经历了美国近代以来最严重的军事惨败。

法尔肯海姆

埃里希 · 冯 · 法尔肯海姆是德国唯一不想当将军的人。他意识到，军队在哪里都要强大的话，就不会有一处是强大的。他只希望在一条战线上取得军事胜利，在另一条战线上议和，然后回家。他是德国最优秀的将军，而且只出过一次错误：他认为最理想的方案是在凡尔登打败法国。这一行动彻底失败了，100 万人徒劳地牺牲，他名誉扫地。如果他将德国部队送到东线作战，他们很有可能夺取圣彼得堡，历史很可能会完全不同。凡尔登战役后，他被解职，然后被派遣到巴勒斯坦指挥部队。在巴勒斯坦，他从阿拉伯人手里解救了无数的犹太人，然后却从人们的视野里消失了。关于更多的资料，请参阅他 1919 年出版的著作《总司令部的关键决策》。

弗朗索瓦

赫尔曼 · 冯 · 弗朗索瓦将军是一位才华卓越的德国将领，他在坦能堡战役的幕后指挥德国取得了胜利。他三次违背了可能导致灾难的命令，又负责指挥了最关键的胜利。之后，他讲了很多故事。他战后带朋友们参观战地时说了三件事："这里就是兴登堡将军战前睡觉的地方……这里是兴登堡战后睡觉的地方……这里，哦天，是兴登堡战时睡觉的地方！"

戈林

赫尔曼 · 戈林是德国在第二次世界大战里最无能的将领。

他是一个超级古怪的瘾君子、性异常者。他出席葬礼的时候穿着貂皮大衣、黑白相间的军装，还化妆、抹了口红。美国驻法代表威廉·克里斯蒂安·布利特大使在1930年代时说，这个人看起来就像新奥尔良妓院的一个皮条客。不知为何，戈林在第一次大战结束时成了德国空军的负责人，然后成了希特勒最好的朋友。他是唯一被允许称呼希特勒为“你”的人，他也甚至在婚礼上请希特勒做他的伴郎。

然而，很多协约国军官认为，德国输掉二战，戈林“功不可没”。他犯下了错误，使得英国人能够在敦刻尔克撤退。他犯下的错误导致德军丢失了斯大林格勒。最后，他又弄丢了诺曼底。

他的一个优势是懂得如何驾驭权力之浪。在纽伦堡，他被判决死刑。但是，他成功使医生藏着毒药进来，舒服地死在了自己的丝绸睡袍里。必须要指出的是，戈林并没有让希特勒知道德国空军与日俱增的虚弱，这在不知不觉中极大地帮助了协约国。一些英格兰预言家说，英国人欠戈林一块奖章——他如此精彩地帮助了协约国取胜。

汉尼拔

古代军事将领汉尼拔对德国军队来说一直是激励他们的源泉。从19世纪初期到1940年代，德国所有的军事计划都不同程度地建立在包围敌人、全歼敌军的想法之上。他们的愿望是，如果以百分之百的军力包围敌人，而敌人又没有援军，那么就可能摧毁力量甚至比他们强大的敌人。

希特勒试图在入侵俄国时使用这一招。一开始，它似乎是成功的。但最终他们在斯大林格勒惨败。如果德国人没有如此执着于汉尼拔的策略，他们就不会相信自己能在两线战争中速胜。汉尼拔的思想给了德国军官对于胜利在望的自信。尽管汉尼拔式的军事包围和调度在历史上惨败，他们仍然相信他。

汉尼拔被一位罗马皇帝费边打败。乔治·华盛顿被称为美国的费边。费边想办法拖延战争，让汉尼拔过度地进军。最后，他一点点摧毁了汉尼拔。协约国总司令福煦将军正是用这个办法处理短命的鲁登道夫攻势。它让鲁登道夫输掉战争。

兴登堡

兴登堡是一名退休的老将领。1914 年，70 多岁的他又变得活跃，并由于德军坦能堡战役胜利而大获赞誉。战争期间，他开始衰老，鲁登道夫接过他的指挥权。除了战争最后的几个月，兴登堡从未反对过鲁登道夫的意见。令人称奇的是他甘于被鲁登道夫影响。在战争初期，兴登堡对外国没有领土要求，也没有谈论过赔款。但是最后，他变得和鲁登道夫一样贪婪。最终，他完全听命于鲁登道夫，失去了所有的独立决定权。

希特勒

在传记作者眼中，阿尔道夫·希勒特是一个充满矛盾的人物。以色列摩萨德插手了俄国人对希特勒的验尸，知道了他只有一个睾丸。他的童年照显示了一双迷茫的眼睛，也许这揭示了他头脑里的一些错乱。德国元帅卡纳里斯认为，希特勒被第一次世纪大战和毒气给弄疯了，后者被鲁登道夫引入战场。但是，我们并不能确认这一点。

当鲁登道夫开始为一战失败指责德国犹太人时，希特勒说，他希望犹太人被毒气毒死，就像战场上以同样方式死去的士兵一样。人们不得不好奇，如果鲁登道夫没有告诉他让犹太人背锅这个主意的话，希特勒将会过上怎样的生活。希特勒在水彩画方面有些天赋，或许他会成为高中艺术老师。

纳粹精英中，所有参加过一战的人都有一个共同点。他们全都对第一次世界大战抱有一种怀旧的思念，因为那是他们的荣耀时刻。这是一种带有复仇心理的怀旧。

当然，还有其他的因素让希特勒成了后来那副样子。一些一流的神学家相信，希特勒被恶魔控制了。

德皇威廉二世

德皇威廉二世从出生那天起就已经被损坏了——他母亲花了 12 个小时才生出了他。生产过程对他造成了伤害。他的一只手错位了，后来一直没有发育到合适的长度。他对世界局势的见解是浅薄的——看起来他只听信两位专家：他追随达尔文，认为德国必须依照“适者生存”的原则；他还认同美国统帅阿尔弗雷德 · 赛耶 · 马汉，认为德国应该发展一支巨大的海军舰队威吓英国。他有限的知识带来了伤害。从马汉那里，他只学到了热爱水上舰队，却对潜艇毫无兴趣。当战争来临，他从未使用过这些船队，军队亟需的潜艇又极为短缺。从达尔文那里他学到一种危险的咆哮——那就是，让德国疏远了俄国和英国的适者生存哲学。如果有强大的盟军、更多的潜艇和外交斡旋，德皇大概能够避免第一次世界大战。

克伦斯基

弗多洛 · 克伦斯基是一位教授。人们对他的评价通常很苛刻，事实上，他是当时俄国最民主的领导人。人们蔑视他是因为他延续了战争。但是他知道，如果要与鲁登道夫讲和，协约国可能就完了。他因为对军队太民主而被很多人鄙视，他的军官在执行命令前可以就命令进行投票表决。克伦斯基知道军队叛乱的可能性很高，他别无选择。

历史鄙视失败者。路易十六从来得不到褒奖，虽然他可能比拿破仑人好。尼古拉二世可能比斯大林人好，但是他也不会获得赞扬。同样，人们也不会称颂克伦斯基。

权力的学生，比如亨利 · 基辛格，鄙视克伦斯基。有一次，在与葡萄牙总理低效率的争论中，基辛格嘘了他一句：“你要成为克伦斯基。”

“我不希望成为克伦斯基。”对方回答。

“克伦斯基也不想成为他自己那样。”基辛格回答。

莱姆金

拉斐尔·莱姆金是一位受到迫害的波兰律师，他来到了美国，向人们讲述针对犹太人的大屠杀。是他发明了“种族灭绝”一词。莱姆金是一个悲剧人物，他丢失了除警告人们种族灭绝之外的任何能力。他生活贫困，说得更严重一点，他被自己发起的运动吞噬了。没有人特别地关注他，他默默无闻。然而，这是一个伟大的人物。

偶尔他会在耶鲁、罗格斯和弗吉利亚大学讲座。他解释，种族灭绝不仅仅是杀戮人类的行为。它是一场“整体或部分地”毁灭一个民族的行动。

当莱姆金得知1920和1930年代的波兰政府不赞成他的说法时，就来到了美国。他是一个在自己国家没有获得荣誉的预言家。

当他去世时，只有七个人参加了葬礼。然而他成就非凡：他引起了人们对种族灭绝行为的注意，这些行为针对亚美尼亚人、犹太人和乌克兰人。哈佛大学的种族灭绝专家萨曼莎·鲍威尔毫无保留地赞扬了莱姆金。

劳合·乔治

戴维·劳合·乔治是英国的王牌政治家。在希特勒眼里，是他让协约国打赢了第一次世界大战。他似乎只犯下了一个重大错误：1918年，他被英国将军们随意牺牲士兵的方式激怒了，他开始缩减在法国的英军。这会导致那里缺少人手，那么，将军们使用人员的时候会更加谨慎。当鲁登道夫进攻时，英国军队处于不利地位。然而，人员不足的英国部队不知怎的竟然仍然从对手的嘴里抢走了胜利。

劳合·乔治是一个聪明的威尔士人。他心中的英雄是亚伯拉罕·林肯，他在生活的很多方面效仿了林肯。

鲁登道夫

埃里希·鲁登道夫本质上是一个自律但平庸的家伙。他花费数年学习一件事——战术，他从没有给留出自己时间照顾朋友、爱情和孩子。他也从不学习如何寻找不令人愉快的真相，而总是被一帮溜须拍马的人包围。这些人只说他愿意听的话。他很像世界著名棋手鲍比·费舍。费舍研究棋术多年，最后精神不稳定，疯掉了。费舍变得精神错乱，以至于身为犹太人的他认为大屠杀从没有发生过。鲁登道夫的错乱是，他觉得自己赢得了第一次世界大战，但是它被犹太人蓄意破坏了。

要了解更多鲁登道夫的资料，请参阅卡尔·库比切克《鲁登道夫：一位军事思想家的悲剧》。遗憾的是，这本书只将他的故事讲述到 1932 年，并且没有深入谈到他对纳粹的影响。但是，这本书也深入地探讨了他的人格。

尼古拉二世

俄国尼古拉二世犯下错误，导致他输掉了战争和国家。首先，他任命自己为军队总指挥，将自己推向了每一次战役失败的风口浪尖。第二，他废除了战时的酒业垄断，这使他的主要财政收入被切断。第三，他从未充分支持过具有雄才大略的阿列克谢·布鲁西洛夫将军。第四，他拥抱了疯狂的格里戈里·拉斯普丁。第五，他允许共产主义文学进入俄国，因为他觉得，这些文字如此疯狂没有人会把它当回事。第六，他从未仔细调查谁在他的国家里搞暗杀。他本应该查明谁杀了他的内阁总理彼得·斯托雷平。这些纠缠在一起的错误注定了俄国覆灭的命运。当被告知自己要被枪决了，尼古拉二世的遗言甚是可悲："什么？什么？"

潘兴

潘兴将军是一个聪明人，一开始表现在西点军校，就像他的朋友道格拉斯·麦克阿瑟一样。与泰德·罗斯福和曼金类似，他希望让协约国军队进入柏林，向德国人证明他们的惨败。但是，这种看法与威尔逊总统的思维发生了冲突。威尔逊是来自南方的绅士，他的父亲曾是南部联邦的一名军官。他认为越温和的和平可能越持久。这或许对罗伯特·李这样的人来说有用，但并不适用于鲁登道夫之流。

普林西普

很少有人指责普林西普引发了第一次世界大战——通常人们觉得这场战争是一个伺机寻找发生机会的事故。但是，如果不是普林西普在1914年开枪，战争可能会稍晚发生。而如果它爆发得晚一点，那么俄国人的表现可能会更好一些。著名英国历史学家阿里斯泰尔·霍恩在《凡尔登：英勇的代价》一书中明确写到，如果战争发生得稍晚一些，俄国很可能取胜。1914 年，俄国发展迅速。连接阿尔汉格尔和摩尔曼斯克的计划铁路能更容易地给俄国输入英美物资。俄军内部的能力提升也会有更多时间见效。

从这个角度，普林西普是现代最高效的暗杀者。只有那位暗杀鲍勃·肯尼迪、将尼克松送入白宫从而改变历史的阿拉伯人可与之等量齐观。

拉狄克

卡尔·拉狄克被认为是最后一位共产主义国际主义者。当共产主义精英们四处搜寻特权和奢侈品时，拉狄克是唯一一个没有要求任何报酬的理想主义者。确实，他丑陋的胡子才是必需品，因为他从没有要求补给更多的柴火来让寒冷的公寓升温。

拉狄克的天才应该被人铭记。他主持写作了《火炬》杂志。这本杂志用多种语言在占领俄国的德军部队里传播——这些文字让德军士兵的思想发生了转变，没有军事力量能发挥这样的作用。也是拉狄克号召建立真正的国际共产主义。他的同僚们还在俄国沙文主义的信条中寻找避难所，这些信条主导了数十年的共产主义运动。

拉狄克非常聪明，他似乎能支配将他送上斯大林审判秀的那些食尸鬼。他决绝地告诉他们，斯大林的强大也足以让他们下马受审。他威胁说，如果捕捉者要他坦白一个伟大的国际阴谋，那么他们都是在叛国。食尸鬼们突然明白拉狄克也可能杀死他们，他们开始流汗。然后，拉狄克坚持让他们想办法，让他只用在西伯利亚的集中营里待上几年。

这一策略天才地成功了。当他听见自己的宣判时，外国记者看见他脸上露出了轻松的微笑。很显然，这是被斯大林迫害的人中为数不多的胜利。

斯大林追上了拉狄克。证据显示，他于 1939 年被斯大林下令杀害于集中营。

里德

杰克 · 里德是一个真正的信仰者，一个全心全意的共产主义者。但是如格里戈里 · 季洛维也夫这样的铁杆狂热分子并不信任他。他被送往克里米亚的巴库城，作为党代表参加一个泛伊斯兰会议。

在去参会的火车途中，里德吃惊地发现代表们接受了一拨美丽的雏妓，她们由中年女性老鸨带领。妓女们穿着貂皮大衣登上火车，大衣里面完全赤裸。

里德对于自由恋爱并没有意见。但是，让这些无辜的少女成为妓女是一件令他无法想象的事。这是傲慢而有毒的。代表们享受到的虚荣与奢侈彻底伤了里德的心，他怀着满腔愤怒返回莫斯科。他告诉爱人路易斯 · 布莱恩特，他觉得自己之前很悲惨地误读了共产主义运动。

他生病后无人照料，最后死于莫斯科的一家医院。那时，他是孤独的。列宁没有派医生帮助他。他死时喃喃地说："陷入圈套，陷入圈套。"他最终被称为"迷失的革命者"并不是毫无道理。

据说，他的著作《撼动世界的10天》得到了苏联的赞赏。但是，此书出版以后迅速遭到审查。斯大林讨厌它，因为斯大林本人不是主人公。很快，斯大林命令不再流通此书。

在西方，这本书广受欢迎。有趣的是，只有两份报纸——《纽约时报》和《伦敦时报》看到了它的缺陷。大多数读者都着迷于这本书的生机勃勃和充满探险的精神。

罗斯福

西奥多·罗斯福在1917年的时候又老又虚弱。但他是当时美国在世的最伟大的英雄，而且最受欢迎。他死前唯一的愿望是率领一支分队前往欧洲。他找到自己的主要对手威尔逊总统，要求做这件事。作为回报，他保证不再对总统未来的任何提议表示异议。他的计划是率领骑兵去欧洲，在战壕里作战，推动协约国部队进军柏林，向德国人证明他们被打败了。

如果他的计划得以实施，第二次世界大战可能就不会发生。他的计划大概是20世纪最令人着迷的"本可能会实现的事情"之一。包括鲁登道夫和希特勒在内的任何人本来都不能伪装德国从未失败。

威尔逊

在某些方面伍德罗·威尔逊总统像富兰克林·罗斯福总统一样，他们知道如何打赢战争，但却不知道如何达成和平。他没能带来持续的和平，这一失败是一战后的外交灾难。当1918年美国国力强大的时候，威尔逊没有趁胜追击，取得有效的和平。

但是，世界向他提出的要求并不是一人之力就能满足。威尔逊被当成了能够解决所有问题、完成所有事情的救世主。在他的职业顶峰，没有哪一位美国总统拥有他那样的权力。

威尔逊的目的是崇高的。他希望温和的和平能够达成，就像1865年美国北方与南方和解一样。没有战犯、报复和审判。他简单地希望让另一方投降，然后回家。

参考文献

第一章

关于普林西普

Brescia, Anthony. "The Role of Gavrilo Princip." Master's thesis, St. John's University, Queens, New York, 1965.

Butcher, Tim. *The Trigger: Hunting the Assassin Who Brought the World to War*. Grove Press, New York, 2014.

Cassels, Lavender. *The Archduke and the Assassin: Sarajevo, June 28, 1914*. Stein and Day, New York, 1984.

Clark, Christopher. *Sleepwalkers: How Europe Went to War in 1914*. Harper, New York, 2013.

Dedijer, Vladimir. *Road to Sarajevo. Simon and Schuster*, New York, 1966.

Fabijancic, Tony. *Bosnia: In the Footsteps of Gavrilo Princip*. University of Alberta Press, Edmonton, 2010.

Feuerlicht, Robert Strauss. *Desperate Act*. McGraw-Hill, New York, 1968.

King, Greg. *The Assassination of the Archduke*. McGraw-Hill, New York, 1968.

Koning, Hans. *Death of a Schoolboy*. Harcourt, New York, 1974.

Lyon, James. *Serbia and the Balkan Front, 1914: The Outbreak of the Great War*. Bloomsbury, London, 2015.

McMeekin, Sean. *July 1914: Countdown to War*. Basic Books, New York, 2013.

Quarmby, Katharine. *The Priest, the Assassin and Archduke Franz Ferdinand*. Thistle, London, 2014.

Rehr, Henrik. *Terrorist: Gavrilo Princip, the Assassin Who Ignited World War I*. Graphic Universe, Minneapolis, 2015.

Smith, David James. *One Morning in Sarajevo*. Weidenfeld & Nicolson, New York, 2009.

Villiers, Peter John. *Gavrilo Princip*. Fawler Press, Oxford, 2010.

第二章

关于德皇威廉二世

Balfour, Michael. *The Kaiser and His Times*. Houghton Mifflin, Boston, 1964.

Clark, Christopher M. *Kaiser William II*. Harlow, Longman, New York, 2000.

Clay, Catrine. *King, Kaiser, Tsar: Three Royal Cousins Who Led the World to War*. Walker, New York, 2007.

Hull, Isabel Virginia. "The Entourage of Kaiser Wilhelm II." Doctoral dissertation, Yale University, New Haven, CT, 1978.

MacDonogh, Giles. *The Last Kaiser: William the Impetuous*. Weidenfeld & Nicolson, London, 2000.

Mombauer, Annika. *The Kaiser: New Research on Wilhelm II's Role in Imperial Germany*. Cambridge University Press, New York, 2003.

Retallack, James M. *Germany in the Age of Kaiser Wilhelm II*. Macmillan, New York, 1996.

Rohl, John C. G. *The Kaiser and His Court*. Cambridge University Press, New York, 1994.

Rohl, John C. G., and Nicolaus Sombart, eds. *Kaiser Wilhelm II: New Interpretations*. Cambridge University Press, New York, 1982.

Sarkin-Hughes, Jeremy. *Germany's Genocide of the Herero*. James Currey, Woodbridge, UK, 2011.

Van der Kiste, John. *Kaiser William II: Germany's Last Emperor*. Sutton, Stroud, UK, 1999.

Viereck, George Sylvester. *The Kaiser on Trial*. Greystone Press, New York, 1937.

Whittle, Tyler. *The Last Kaiser: A Biography of William II, German Emperor and King of Prussia*. Heinemann, London, 1977.

关于施里芬及其计划

Bucholz, Arden. Moltke, *Schlieffen, and Prussian War Planning*. St. Martin's, New York, 1991.

Cimbala, Stephen J. *Deterrence and Provocation in Crisis and War*. Pennsylvania State University Press, University Park, 1994.

Henin, Pierre Yves. *Le Plan Schlieffen: un mois de guerre, deux siecles de controverse*. Economica Press, Paris, 2012.

Herwig, Holgar H. *The Marne, 1914*. Random House, New York, 2009.

Jannen, William. *The Lions of July*. Presidio Press, Novato, CA, 1996.

Jones, Andrew L. "Debating Cannae: Delbruck, Schlieffen, and the Great War." Master's essay, East Tennessee State University, Johnson City, 2015.

Ritter, Gerhard. *The Schlieffen Plan: Critique of a Myth*. O. Wolff, London, 1958.

Schlieffen, Alfred von. *Alfred von Schlieffen's Military Writings*. Frank Cass, Portland, OR, 2003.

———. Cannae. Mittler, Berlin, 1936.

Stoneman, Mark R. "William Groener, Officering, and the Schlieffen Plan." Doctoral dissertation, Georgetown University, Washington, DC, 2006.

Tunstall, Graydon A. "The Schlieffen Plan." Doctoral dissertation, Rutgers University, New Brunswick, NJ, 1974.

Wallach, J. L. "Clausewitz and Schlieffen: A Study of the Impact of Their Theories on the German Conduct of the 1914–1918 and 1939–1945 Wars." Doctoral dissertation, Oxford University, 1968.

Werstler, Glenn. "Erich von Falkenhayn and the German Response to the Problem of War on Two Fronts." Master's essay, Kutztown State College, Kutztown, PA, 1980.

第三章

关于凡尔登

Brown, Malcolm. *Verdun, 1916*. Temple Publishing, Charleston, SC, 1999.

Clayton, Anthony. *Paths of Glory*. Cassell, New York, 2003.

Denizot, Alain. *Verdun, 1914–1918*. Nouveaux Editions Latines, Paris, 1996.

Horne, Alistair. *The Price of Glory*. Penguin Publishers, New York, 1994.

Keegan, John. *The First World War*. Vintage, New York, 2000.

Ousby, Ian. *The Road to Verdun*. Anchor Press, New York, 2002.

Petain, Henri Philippe. *La Bataille de Verdun*. Payot Publishers, Paris, 1929.

第四章

关于坦能堡

Gannon, James. *Stealing Secrets, Telling Lies*. Brassey's, Washington, DC, 2001.

Golovin, Nicolai N. *The Russian Campaign of 1914*. Command and

General Staff School Press, Fort Leavenworth, KS, 1933.

Griffin, Oliver L. "The German Army Looks East." Doctoral dissertation, Harvard University, Cambridge, MA, 1998.

Herwig, Holger H. *The First World War*. St. Martin's Press, London, 1996.

Ironside, Edmund. *Tannenberg: The First 30 Days in East Prussia*. Blackwood, Edinburgh, 1925.

Kagan, Frederick W., and Robin Higham, eds. *The Military History of Russia*. Macmillan, Boston, 2001.

Pawly, Ronald. *The Belgian Army in World War I*. Osprey, New York, 2009.

Rigoux, Pierre. *Tannenberg 1914: Sacrifice pour la France?* Economica Press, Paris, 2010.

Roy, James Charles. *The Vanished Kingdom: Travels through the Kingdom of Prussia*. Westview Press, Boulder, CO, 1999.

Showalter, Dennis. *Tannenberg: Clash of Empires 1914*. Brassey's, Washington, DC, 2004.

Stone, Norman. *The Eastern Front, 1914–1917*. Scribner's, New York, 1975.

Sweetman, John. *Tannenberg, 1914*. Cassell, New York, 2002.

Talbot, Randy Raymond. "General Hermann von Francois and Corps-Level Operations during the Tannenberg Campaign, August, 1914." Master's thesis, Eastern Michigan University, Ypsilanti, 1999.

第五章

关于“二人组”的掌权

Bridgman, Jon Marshall. "The Origins of the Military Dictatorship of Hindenburg and Ludendorff." Doctoral dissertation, Stanford University, 1960.

关于法尔肯海恩将军

Falkenhayn, Erich von. *The German General Staff and Its Decisions*. Mead, New York, 1920.

Foley, Robert. *German Strategy and the Path to Verdun: Erich von Falkenhayn and the Development of Attrition, 1870–1916*. Cambridge University Press, Cambridge, 2005.

Hilbert, Lothar. *Falkenhayn, l'homme et sa conception de l'offensive de Verdun*. Published by author, 1976.

Werstler, Glenn. "Erich von Falkenhayn and the German Response to the Problem of War on Two Fronts, 1914–1916." Master's thesis, Kutztown University of Pennsylvania, Kutztown, 1980.

第六章

关于弗里茨·哈伯

Charles, Daniel. *Master Mind: The Rise and Fall of Fritz Haber*. Echo Press, New York, 2005.

Hager, Thomas. *The Alchemy of Air: A Jewish Genius, a Doomed Tycoon, and the Scientific Discovery That Fed the World but Fueled the Rise of Hitler*. Harmony Books, New York, 2008.

Smil, Vaclav. *Enriching the Earth*. MIT Press, Cambridge, MA, 2001.

关于让·德·布洛赫

Bloch, Jean de. *La Guerre*. Garland Press, New York, 1973.

Ferguson, Niall. *The Pity of War*. Basic Books, New York, 1999.

关于布鲁西洛夫攻势

Dowling, Timothy C. *The Brusilov Offensive*. Indiana University Press, Bloomington, 2008.

Liddell Hart, B. H. *The Real War, 1914–1918*. Little Brown and

Company, New York, 1930.

Sergeyev-Tsensky, Sergei. *Brusilov's Breakthrough*. Hutchinson & Company, London, 1945.

关于鲁登道夫联合齐默曼发起的行动

Boghardt, Thomas. *The Zimmermann Telegram: Intelligence, Diplomacy, and America's Entry into World War I*. Navai Institute Press, Annapolis, MD, 2012.

Protasio, John. *The Day the World Was Shocked: The Lusitania Disaster and Its Influence on the Course of World War I*. Newbury Publishers, Haverton, PA, 2011.

Reid, B. L. *The Lives of Roger Casement*. Yale University Press, New Haven, CT, 1976.

Strother, French. *Fighting Germany's Spies*. Doubleday, Garden City, NY, 1918. (This is about the Annie Larsen conspiracy.)

Tuchman, Barbara. *The Zimmermann Telegram*. Macmillan, New York, 1966.

第七章

关于列宁、帕尔乌斯，以及通往圣彼得堡的火车旅行

Leggett, George. *The Cheka: Lenin's Political Police*. Clarendon Press, Oxford, 1981.

Pearson, Michael. *The Sealed Train*. Putnam's, New York, 1974.

Pipes, Richard. *The Unknown Lenin*. Yale University Press, New Haven, CT, 1999.

关于亚历山大·克伦斯基

Abraham, Richard. *Alexander Kerensky: First Love of the Revolution*. Columbia University Press, New York, 1987.

Fontenot, Michael F. "Alexander F. Kerensky: The Political Career of a Russian Nationalist." Doctoral dissertation, Louisiana State University, Baton Rouge, 1976.

Kerensky, A. F. *The Kerensky Memoirs*. Cassell, London, 1966.

第八章

关于布列斯特－立托夫斯克

Felshtinsky, Yuri. Lenin, *Trotsky, Germany, and the Treaty of Brest-Litovsk*. Russell Enterprises, Milford, CT, 2012.

Kennan, George Frost. *Soviet Foreign Policy, 1917–1941*. Van Nostrand, Princeton, NJ, 1960.

Phillips, E. T. "Austria-Hungary and the Treaty of Brest-Litovsk." Master's thesis, Temple University, Philadelphia, 2012.

Robertson, P. W. "An Investigation of American Responses to the Russo- German Negotiations Resulting in the Treaty of Brest-Litovsk." Master's thesis, University of Wyoming, Laramie, 1964.

Trotsky, Leon. *From October to Brest-Litovsk*. Socialist Publication Society, New York, 1919.

Wargelin, Clifford Frank. "Bread, Peace and Poland: The Economic and Political Origins of Habsburg Policy at Brest-Litovsk." Doctoral dissertation, University of Wisconsin, Madison, 1980.

Wheeler-Bennett, John. *Brest-Litovsk: The Forgotten Peace*. Macmillan, London, 1938.

第九章

Bailey, S. "Erich Ludendorff as Quartermaster General of the German Army, 1916–1918." Doctoral dissertation, University of Chicago, 1966.

Blaxland, Gregory. *Amiens*, 1918. Osprey, London, 2008.

Gray, Randall. *Kaiserschlacht, 1918: The Final German Offensive*. Osprey, London, 1991.

Hennes, Randolph York. “The March Retreat of 1918: Anatomy of a Battle.” Doctoral dissertation, University of Washington, 1966.

Middlebrook, Martin. *The Kaiser’s Battle*. Penguin, London, 2000.

Wilson, Dale Eldred. “‘Treat ’em rough!’: The United States Army Tank Corps in the First World War.” Doctoral dissertation, Temple University, Philadelphia, 1990.

Zabecki, David T. *The German 1918 Offensives*. Routledge, New York, 2006.

第十章

关于鲁登道夫的崩溃及其对犹太人的责备

Chickering, R. *Imperial Germany and the Great War*. Cambridge University Press, Cambridge, 2004.

Diest, Wilhelm. “The Military Collapse of the German Empire: The Reality behind the Stab-in-the-Back Myth.” War in History 3, no. 2 (1996):186–207.

Johnstone, Theodore A. “Dolchstoss: The Making of a Legend, 1890–1919.” Doctoral dissertation, University of Kansas, Lawrence, 1974.

Romano, M. A. “The Stab in the Back Theory: From Myth to Genocide.” Master’s thesis, Kean University, Union, NJ, 2013.

Schvelbusch, Wolfgang. *The Culture of Defeat: On National Trauma, Mourning, and Recovery*. Picador Press, New York, 2004.

Scott, Allan C. “Dolchstosslegende and Jihad.” Doctoral dissertation, Roosevelt University, Chicago, 2001.

Watson, Alexander. “Stabbed at the Front.” History Today 58, no. 11 (November 2008):21–27.

第十一章

关于瓦尔特·拉特瑙

Felix, David. "Walter Rathenau and the Politics of Reparations." Doctoral dissertation, Columbia University, New York, 1970.

Kessler, Harry. *Walter Rathenau: His Life and Work.* Beston Press, New York, 1930.

Loewenberg, Peter Jacob. "Walter Rathenau and German Society." Doctoral dissertation, University of California, Berkeley, 1966.

Sanford, David George. "Walter Rathenau: Critic and Prophet of Imperial Germany." Doctoral dissertation, University of Michigan, Ann Arbor, 1971.

Smith, Gene Dixon. *The Ends of Greatness: Haig, Petain, Rathenau, and Eden. Crown*, New York, 1990.

Volkov, Shulamit. *Walter Rathenau.* Yale University Press, New Haven, CT, 2012.

Williamson, D. G. "Walter Rathenau: A Study of His Political, Industrial, and Cultural Activities." Doctoral dissertation, University of London, 1972.

关于鲁登道夫

Asprey, Robert. *The German High Command at War: Hindenburg and Ludendorff Conduct World War I.* W. Morrow, New York, 1991.

Bailey, Stephen. "Erich Ludendorff as Quartermaster General of the German Army, 1916–1918." Doctoral dissertation, University of Chicago, 1966.

Bridgman, John Marshall. "The Origins of the Military Dictatorship of Hindenburg and Ludendorff." Doctoral dissertation, Stanford University, 1960.

Bucelew, John Daniels. "Erich Ludendorff and the German War Effort:

A Study in the Military Exercise of Power." Doctoral dissertation, University of California, San Diego, 1974.

Craven, Nancy Lynn. "Kuhlmann or Ludendorff." Doctoral dissertation, University of Chicago, 1969.

Lee, John. *The Warlords: Hindenburg and Ludendorff*. Weidenfeld & Nicolson, London, 2005.

Naftzger, Stephen Thomas. "Heil Ludendorff: Erich Ludendorff and Nazism, 1925–1937." Doctoral dissertation, City University of New York, 2002.

Nebelin, Manfred. *Ludendorff*. Siedleer Verlag, Munich, 2011.

Parkinson, Roger. *Tormented Warrior*. Stein & Day, New York, 1979.

Piazza, R. M. D. "Ludendorff: The Totalitarian and Voelkisch Politics of a Military Specialist." Doctoral dissertation, Northwestern University, Evanston, IL, 1969.

Wheeler-Bennett, John. *The Nemesis of Power: The German Army in Politics*. Macmillan Publishers, New York, 2005.

鲁登道夫的著述，写于 1918 年的溃败之后

Ludendorff, Erich. *The Nation at War*. Hutchinson and Company, London, 1936.

———. *The Defense of the Outpost Zone*. London, 1918.

———. *Ludendorff's Own Story*. Harper, New York, 1919.

———. *Lessons Drawn by the German Higher Command from the Recent Offensives*. General Staff Headquarters, London, 1918.

———. *The General Staff and Its Problems*. E. P. Dutton, New York, 1924.

———. *The Truth about Kitchener, to Which Is Appended a Letter from General von Ludendorff*. Bodley Head, London, 1925.

———. *The Two Battles of the Marne*. Cosmopolitan Book Corporation, New York, 1927.

———. "The American Soldier in the World War as Seen by a Foe." In As They Saw Us. edited by George Sylvester Viereck. Garden City, NY, 1929.

———. *The Coming War*. Faber & Faber, New York, 1931.

———. *Destruction of Freemasonry through Revelation of Its Secrets*. 1927. Sacred Truth Publishing House, 2014.

德国的著作，以及从德国引进的著作

Anonymous. *Der Feldherr Ludendorff, Militarpolitisch betrachet von einem Soldaten*. Berlin, 1920.

Bauer, Max. *Der Grosse Krieg in Feld und Heimat*. Berlin, 1921.

Bethmann Hollweg, Theobald von. *Reflections on the World War*. T. Butterworth Publishers, London, 1920.

Breucker. Wilhelm. *Die Tragik Ludendorffs, Eine Kritische Studie*. Stollhamm, 1953.

Bruchmuller, Georg. *Die Artillerie beim Angriff im Stellungskrieg*. Berlin, 1921.

Conrad von Hötzendorf, Franz. *Aus Meiner Dienstzeit,* 1906–1918. Vienna, 1921.

Einem, Karl von. *Ein Armee Fuhrer erlebt den Weltkrieg*. Leipzig, 1938.

Foerster, Wolfgang. *Der Feldherr Ludendorff im Ungluck*. Weisbaden, 1952.

Frentz, Hans. *Der unbekannte Ludendorff, Der Feldherr in seiner Umwelt und Epoche*. Weisbaden, 1972.

Hindenburg, Paul von. *Out of My Life*. Harper, New York, 1921.

Hoffmann, Max. *War Diaries and Other Papers*. M. Secker, London, 1929.

———. *Tannenberg*. Berlin, 1925.

Hubatsch, W. *Hindenburg und der Staat*. Gottingen, 1966.

Janssen, Karl-Heinz. *Der Kanzler under dere General*. Gottingen, 1967.

Krebs, A. *Tendenzen und Geschichte der NSDAP*. Berlin, 1959.

Kuhl, H. von. *Der Weltkrieg 1914–1918*. Berlin, 1930.

Ludendorff, Erich. *Meine Kriegserinnerungen*. 2 vols. London, 1919.

Ludendorff, Margarethe. *My Married Life with Ludendorff*. Hutchinson, London, 1929.

Niemann, Alfred. *Kaiser und Revolution*. Berlin, 1922.

Ropponen, K. *Die Kraft Russlands*. Helsinki, 1968.

Rupprecht, crown prince of Bavaria. *Mein Kriegstagebuch*. Berlin, 1929.

Sulzbach, Herbert. *Zwei Lebende Mauern*. Berlin, 1935.

Tempelhof, Henny von. *Mein Gluck im Hause Ludendorff*. Berlin, 1918.

Tschuppik, Karl. *Ludendorff: The Tragedy of a Military Mind*. Houghton Mifflin, Boston, 1932.

Westarp, Kuno von. *Konservative Politick im letzten Jahrzelnt des Kaiserreichts*, vol. 2. Berlin, 1935.

Wheeler-Bennett, J. *W. Hindenburg: The Wooden Titan*. St. Martin's Press, New York, 1967.

Wilhelm, crown prince. *Memoirs*. Scribner's, New York, 1922.

图书在版编目(CIP)数据

第一个纳粹 /(美)威尔·布劳内尔(Will BroWnell),(美)德尼斯·多雷斯-布劳内尔,(美)亚历山大·罗福特著;刘瑀瀚译. -- 南京:江苏凤凰文艺出版社, 2016

书名原文: The Frist Nazi

ISBN 978-7-5399-9488-8

Ⅰ.①第… Ⅱ.①威… ②德… ③亚… ④刘… Ⅲ.①传记文学—美国—现代 Ⅳ.①I712.55

中国版本图书馆 CIP 数据核字(2016)第169518号

版权合同登记号 图字:10-2016-317号

书　　名	第一个纳粹
著　　者	(美)威尔·布劳内尔 (美)德尼斯·多雷斯-布劳内尔 (美)亚历山大·罗福特
译　　者	刘瑀瀚
责任编辑	黄孝阳 汪 旭
出版发行	凤凰出版传媒股份有限公司 江苏凤凰文艺出版社
出版社地址	南京市中央路165号,邮编:210009
出版社网址	http: //www.jswenyi.com
经　　销	凤凰出版传媒股份有限公司
印　　刷	鸿博昊天科技有限公司
开　　本	880×1230毫米 1/32
印　　张	9.25
字　　数	180千字
版　　次	2016年8月第1版 2016年8月第1次印刷
标准书号	ISBN 978-7-5399-9488-8
定　　价	48.00元

THE FIRST NAZI: ERICH LUDENDORFF, THE MAN WHO MADE HITLER POSSIBLE By WILL BROWNELL, DENISE DRACE-BROWNELL and ALEX ROVT

This edition arranged with COUNTERPOINT LLC
Through BIG APPLE AGENCY, INC., LABUAN, MALAYSIA.